Hi Valle,

ich fand das

Buch ganz

witzig.

Viel Spaß beim

Lesen.

Kuss von

Deiner

WiWi ♡

QUERVERLAG

Anja Kühne | Nadine Lange
Björn Seeling | Tilmann Warnecke

HETEROS FRAGEN,
HOMOS ANTWORTEN

Erste Auflage August 2017

Umschlag und grafische Realisierung von Sergio Vitale
Gesamtherstellung: Finidr
ISBN 978-3-89656-254-8
Printed in the Czech Republic

Bitte fordern Sie unser Gesamtverzeichnis an:
Querverlag GmbH
Akazienstraße 25, 10823 Berlin
www.querverlag.de

Inhaltsverzeichnis

Vorwort

Am 4. März 2017, einem Samstag, erschien im Tagesspiegel-Wochenendmagazin „Mehr Berlin" die fünfzigste und letzte Folge unserer Kolumne „Queer weiß das", in der vier Autorinnen und Autoren ein Jahr lang im wöchentlichen Wechsel Fragen zu ihrem queeren Leben beantwortet hatten.

Am 5. März 2017, dem darauffolgenden Sonntag, brachte ein offensichtlich erboster Tagesspiegel-Leser die folgenden handschriftlichen Zeilen zu Papier, wobei er einzelne Satzteile zur Betonung dick unterstrich.

An den Tagesspiegel, Redaktion „Mehr Berlin"

Als Familienvater drehe ich den Spieß um:

Ich bin froh, dass die 50 Beiträge zur Rechtfertigung und Verherrlichung der sog. „queeren" Lebensform endlich zu Ende sind.

Lassen Sie nun vier andere Mitarbeiter 50 Punkte anführen, die die Lebensform z.B. von Familien mit hart arbei-

tenden Vätern und Müttern ohne Selbstverwirklichungs-
drang <u>loben</u>.

Die – auch emotionale – Ablehnung des angepriesenen „queeren" Lebens aus religiösen, biologischen und morali-schen und sonstigen Gründen ist <u>anzuerkennen</u>, sofern sie Gewalt und Hass ausschließt. Das ist nicht Homophobie!

Das anhaltende Bedürfnis der „queeren" Minderheit nach Selbstdarstellung, Selbstbeweihräucherung, Selb-stinszenierung, Selbstrechtfertigung usw. <u>verstärkt</u> eher die Ablehnungstendenzen der Mehrheit. <u>Es gibt andere</u> *<u>Minderheiten, die nicht so viel Aufhebens von sich machen.</u>*

Eine bestimmte sexuelle Orientierung gibt nicht das Recht, eine bevorzugte Anerkennung in der Gesellschaft zu erzwingen, auch wenn Angehörige dieser Gruppierung überproportional in Wissenschaft (Gender!), Politik und Medien vertreten sind.

*Die Versuche, Sprache und Stil („queer", Sternchen *, LGBT u.a.) „hintenherum" zu ändern, sind lächerlich und führen eher zur Ausgrenzung als zur Anerkennung der Minderheit.*

Danke fürs Durchlesen

G*** S***, Berlin

Warum ich diese Hasspost hier so ausführlich zitiere? Weil sie meiner Meinung nach deutlich macht, wie richtig und wichtig es war, unsere Queer-Kolumne im Tagesspiegel erscheinen zu lassen.

Daran hatte es im Februar 2016 nämlich durchaus noch Zweifel gegeben, als eine Redaktionsgruppe mit gemischten sexuellen Präferenzen die Idee bei einem Kantinengespräch aus der Taufe hob. Als „pseudo-provokativ" bezeichneten einzelne skeptische Kolleginnen und Kollegen das Projekt: Homosexualität, argumentierten sie, sei doch nun wirklich kein Tabuthema mehr, gerade in Berlin renne man damit allseits offene Türen ein, und wenn man tatsächlich gegen homophobe Vorurteile ankämpfen wolle, sei das Tagesspiegel-Publikum wohl sicher nicht der erste Adressat.

Schön wär's – der oben zitierte Leserbrief war zwar einer der krasseren, aber leider nicht der einzige seiner Art, und zahlreiche Online-Kommentare schlugen in die gleiche Kerbe. Nicht immer fiel es uns leicht, mit solchen Reaktionen umzugehen, doch gleichzeitig gaben sie uns das Gefühl, dass wir auf dem richtigen Weg waren. Intuitiv schienen wir die richtigen Fragen aufzuwerfen, denn jeder einzelne Punkt, den der zitierte Brief beklagt, war in den 50 vorhergehenden Kolumnenbeiträgen verhandelt worden – angefangen mit der Frage, ob Homosexualität eine Form der Selbstverwirklichung ist (siehe Folge 20), über die Frage, warum queere Menschen ihr Queer-Sein thematisieren müssen (Folge 21), bis hin zur sprachkritischen Frage nach der Notwendigkeit alternativer Schreibkonventionen (Folge 15). Trotz seiner inneren Ablehnung schien der Leserbriefschreiber die Kolumne ziemlich aufmerksam verfolgt zu haben.

Dabei stand am Anfang des Projekts nicht so sehr ein abstrakter ideologischer Gedanke als vielmehr ein handfestes aufklärerisches Anliegen. Was uns vorschwebte, war eine Kolumne, die Verständnis schafft, indem sie queeres Leben begreifbar, vorstellbar, nachvollziehbar macht, ein Format, das auf ganz konkrete Fragen ganz konkrete Antworten bietet: Wie läuft das bei euch, wie macht ihr das, wie geht ihr damit um? Welche Probleme habt ihr, was klappt bei euch besser oder schlechter als bei uns, was können wir voneinander lernen? Ein Teil der Fragen wurde dabei von Leserinnen und Lesern eingesandt, die übrigen formulierte der heterosexuelle Teil der Tagesspiegel-Redaktion.

Nicht immer lief das konfliktfrei ab. Manche Fragen und Antworten zogen auch innerhalb der Redaktion kontroverse Diskussionen nach sich. Wenn ich es als Hetero belästigend finde, von Schwulen aggressiv angebaggert zu werden, bin ich dann homophob? Und wenn ich als Homo die Schuld an solchem Unbehagen nicht dem Baggernden, sondern dem Angebaggerten zuschreibe, argumentiere ich dann chauvinistisch? Die etwas plakative Aufspaltung in ein „Wir" und ein „Ihr", die wir durch die Formel „Heteros fragen, Homos antworten" eingeführt hatten, erwies sich als nicht ganz unproblematisch, durchaus zu Recht hatten die Redaktions-Homos mitunter das Gefühl, von uns Redaktions-Heteros exotisiert und zur Rechtfertigung genötigt zu werden.

Trotz solcher Konflikte, vielleicht auch gerade ihretwegen, gab es im Verlauf der Kolumne aber immer wieder echte Aha-Momente, von denen ich hoffe und glaube, dass sie sich nicht nur innerhalb der Redaktion, sondern auch bei den Leserinnen und Lesern der Kolumne einstellten – und damit nun auch bei allen, die dieses Buch zur Hand nehmen.

Als die Kolumne im März 2017 ihrem Ende entgegenging, entschieden wir, für die letzte Folge den Spieß umzudrehen: Diesmal lautete das Motto nicht „Heteros fragen, Homos antworten", stattdessen fragten nun die Homos, was wir Heteros aus den 49 vorhergehenden Folgen gelernt hatten. Die Antwort fiel mir zu. Ich las dafür alle Kolumnenbeiträge noch einmal am Stück durch – und merkte schnell, dass es „die Homos" natürlich genau so wenig gibt wie „die Heteros", dass weder die abstrakte LGBTI-Gemeinde noch das konkrete schwul-lesbische Kolumnenkollektiv dieses Buchs auf einen Nenner zu bringen sind. Keine überraschende Erkenntnis eigentlich, da ja auch Heteros in mehr als einer Form auftreten. Aber Heteros haben nun mal deutlich mehr Gelegenheit, ihre Verschiedenartigkeit der Welt zu demonstrieren – nicht zuletzt im Tagesspiegel.

Genau deshalb hat der eingangs zitierte Leserbriefschreiber in einem Punkt auch vollkommen Recht –

wenn auch nicht in dem Sinne, in dem er ihn formuliert hat, sondern im genau umgekehrten:

Eine bestimmte sexuelle Orientierung gibt nicht das Recht, eine bevorzugte Anerkennung in der Gesellschaft zu erzwingen, auch wenn Angehörige dieser Gruppierung überproportional in Wissenschaft, Politik und Medien vertreten sind.

Ihr Wort in Gottes Ohren, guter Mann.

Jens Mühling
Der Tagesspiegel, für die Redaktion „Mehr Berlin"

Proud to be gay

> Ich habe eine ganz einfache Frage: Wärt ihr, zumindest manchmal, lieber hetero? Das wäre doch viel praktischer, oder?
>
> *Sebastian, Kreuzberg*

Gleich eine Gegenfrage: Was genau soll noch mal am Hetero-Sein attraktiv sein? Dass man auf einem Date für beide bezahlen muss? Dass die Beziehungsanbahnung ohnehin ziemlich umständlich ist, wenn ich das richtig mitbekomme? Lothar Matthäus und Eva Herman als Rollenvorbilder?

Aber ernsthaft. Natürlich gibt es Homos, bei denen man annehmen kann, sie wären lieber hetero. Auf schwulen Datingportalen gibt es dafür sogar einen Fachausdruck: straight acting – „straight" steht im

Englischen für heterosexuell. Das meint Typen, die sich ostentativ männlich geben und kleiden, etwa so wie der heiße Hetero-Nachbar. Sie legen Wert darauf, nicht „in der Szene" auszugehen, besuchen keine Schwulenbars, lehnen Tunten ab und kumpeln mit ihren Hetero-Buddys. Straight acting wird von nicht wenigen Schwulen ausdrücklich gewünscht.

Dazu passt, dass sich viele Schwule und Lesben so vehement nach der Ehe sehnen. Ich persönlich verstehe das nicht. Wir haben doch nicht jahrzehntelang gekämpft, um uns freiwillig einem Institut zu unterwerfen, das dank des Ehegattensplittings die ungleiche Partnerschaft befördert! Ich kann mir das nur mit dem Wunsch nach bürgerlicher, von den Heteros vorgelebter „Normalität" erklären. Einige wünschen sich auch einen „normaleren" CSD – zu viel Fummel mindere die Akzeptanz, lautet ihr Argument. Sie vergessen, dass 1969 in der Christopher Street nicht Anzugträger, sondern Dragqueens für unsere Rechte demonstriert haben.

Ein Freund von mir sagt gern: „Fürs straight acting gibt es keinen Oscar, Schätzchen." Meine Schauspielkünste sind eh begrenzt, daher: Nein, ich wäre nicht lieber hetero. Und ich kenne auch niemanden in meinem queeren Bekanntenkreis, bei dem oder der das anders wäre. Ich empfinde es eher als befreiend, dass ich das ganze Hetero-Klimbim nicht mitmachen muss. Auf Alltagsdiskriminierungen könnte ich natürlich dennoch gut verzichten.

Womöglich kann ich mir das Hetero-Sein aber einfach nur nicht vorstellen, weil ich es nie praktiziert habe. Deswegen ein Vorschlag: Wollen wir einfach mal eine Woche tauschen, lieber Sebastian? Sie homo, ich hetero? Ich nehme dann auch das mit Lothar Matthäus und Eva Herman zurück. Die beiden als Rollenvorbilder hat die Heterosexualität wirklich nicht verdient.

P.S.: Lebte ich in Russland, würde ich die Frage vielleicht anders beantworten.

Tilmann Warnecke

Mamma mia

Wenn ein lesbisches Paar ein Kind bekommen will – wie wird entschieden, welche der beiden Frauen es austrägt?

Jan, Kreuzberg

Da haben verschiedene Paare verschiedene Strategien. Klar ist aber: Diese Frage gehört zu den leichteren, wenn es darum geht, dass zwei Frauen zusammen ein Kind bekommen. Am einfachsten ist es, wenn sich ohnehin nur eine der beiden vorstellen kann, schwanger zu werden. Hegen beide den Wunsch, werden sie eine pragmatische Lösung suchen: Welche der beiden ist jünger? Bei welcher ist aufgrund der gesundheitlichen Konstitution ein reibungsloser Schwangerschaftsverlauf zu erwarten?

Soll es nicht nur bei einem Kind bleiben, einigen sich Frauenpaare auch gern auf ein Wechselmodell: Erst wird die Ältere schwanger, dann die Jüngere. Am besten jeweils mit dem Samen desselben Spenders. Womit wir bei der weitaus schwierigeren Frage wären: Woher kommt das Sperma? Die Dienste von Samenbanken sind teuer, und sie in Anspruch zu nehmen, kompliziert. Daher suchen lesbische Paare oft im Freundes- und Bekanntenkreis nach einem Spender. Das kann zu einem langen Auswahlprozess führen, bei dem es vor allem abzuklären gilt, welche Rolle der biologische Vater im Leben des Kindes spielen soll. Mal einigt man sich darauf, dass er sich komplett raushält, mal wird eine Dreier- oder Viererkonstellation angestrebt, in der das Kind bei den Frauen wohnt, der Vater aber regelmäßig Umgang hat. Üblicherweise adoptiert die Partnerin der Mutter das Baby, womit Unterhaltsansprüche gegenüber dem Samenspender erst mal ausgeschlossen sind.

Bei der Gründung von Regenbogenfamilien gibt es also vorher viel mehr zu besprechen und zu regeln als bei einer traditionellen Familiengründung. Spontaneität gehört bei queeren Familien selten dazu – dafür sind alle Babys Wunschkinder. Sie wachsen in einer noch relativ neuen Familienform auf, in der vieles erst ausgehandelt wird, was in Vater-Mutter-Kind-Haushalten häufig unhinterfragt läuft wie schon seit Jahrhunderten.

Darin liegt ein großes Glückspotenzial. Ein Baby, das Mama, Mami, Papa und vielleicht sogar noch Papi an seiner Seite hat, wird die vielfache Aufmerksamkeit nicht nur wegen des erhöhten Geschenkeaufkommens zu Geburtstagen zu schätzen wissen. Aber Achtung: Regenbogenfamilien können Neidgefühle beim Nachwuchs traditioneller Familien auslösen. So brach neulich in einer Berliner Kita ein Mädchen in Tränen aus, dessen Freundin bei einem Lesbenpaar groß wird: „Ich will auch zwei Mamas", schluchzte die Kleine.

Nadine Lange

Von der Rolle

> Auch wenn beide Partner biologisch das gleiche Geschlecht haben: Ist bei Homo-Paaren nicht trotzdem auch immer eine/r der Mann und eine/r die Frau?
>
> *Annemarie, Charlottenburg*

Nö! Aber ich kann mir denken, wie Sie auf die Frage kommen. Denn bei Hetero-Paaren scheint ja immer einer der Mann und eine die Frau zu sein. Da liegt es erst mal nahe, diese Rollenaufteilung auch bei Homos zu vermuten. Außerdem können viele Heteros kaum glauben, dass Begehren zwischen zwei Frauen und zwei Männern überhaupt möglich ist. Darum stellen sie sich vor, dass die Homos die Heterowelt, so gut es geht, nachspielen müssen.

Es ist ja auch richtig, dass Homos und Heteros viel gemeinsam haben. Homos fallen schließlich nicht einfach vom Himmel. Sie wachsen in einer heterosexuell geprägten Umwelt auf. Ihr Verständnis der Geschlechterrollen und ihr Begehren wird modelliert bei der Lektüre heterosexueller Literatur oder heterosexueller Filme. Weil Homos von dieser Welt sind, kleiden sie sich üblicherweise auch nicht in Fantasie-Uniformen, sondern greifen auf das Verfügbare zurück, genau wie Heteros.

Bei Homos ist die Vielfalt dabei aber größer. Es gibt völlig rollenkonforme Homos: Lesben, die nicht auf den ersten Blick als solche erkannt werden, weil sie „feminin" aussehen. Und Schwule, die als harte Männer auftreten, muskelbepackt und mit Lederhosen. Viele andere weichen in ihrem Bekleidungsstil und in ihrem Verhalten von der heterosexuellen Norm ab. Manche schwule Männer schmachten Operndiven an, unter lesbischen Frauen scheint es überdurchschnittlich viele Motorrad- und Fußballfans zu geben. Andere Homos changieren androgyn zwischen den Polen.

Erotische Spannung kann zwischen allen Ausprägungen und in allen Kombinationen entstehen. Keineswegs muss immer eine/r im Paar „maskulin" und der/die andere „feminin" auftreten, weder auf der Straße noch im Bett. In der Schöneberger Frauen-Tanzschule Donnadanza lernen Lesben gleich die Schritte für beide Rollen: führen und folgen.

Homos unterlaufen heterosexuelle Geschlechterstereotype, deuten sie um, machen aus starren Vorschriften ein Spiel. Darum fühlen sich Homos auch keineswegs als missglückte Kopien von Hetero-Originalen. Vielmehr verstehen sie ihre „Maskulinität" und „Femininität" (und alles dazwischen) als Ausdruck einer Geschlechteridentität jenseits von „Mann" und „Frau". Sie genießen die Freiheit, ihre Persönlichkeit auszuleben, zelebrieren sie sogar.

Und ist bei den Heteros eigentlich wirklich immer einer der „Mann" und eine die „Frau"? Zum Glück immer seltener. Auch Heteros lieben die Freiheit.

Anja Kühne

Unerwünschte Flirts

> Wie weise ich es freundlich zurück, wenn schwule Männer mich angraben? Das passiert mir hin und wieder – und ich weiß nicht, wie ich damit umgehen soll, denn Frauen machen das bei mir nie.
>
> *Jens, Kreuzberg*

Zunächst einmal: Herzlichen Glückwunsch! Seien Sie doch froh, derart begehrt zu sein. Wenn Sie das nicht wollen, sollten Sie mit Ihren Kumpels vielleicht einfach nicht sonntagabends vor den Darkrooms im Berghain herumhampeln. Die muskulösen, bärtigen Herren neben Ihnen warten jedenfalls nicht darauf, gemeinsam über Fußball zu diskutieren. Und auch Ihre Solidarität mit uns Schwulen zu demonstrieren, indem Sie mit Ihrer besten Freundin zum Gay-Tea-

Dance gehen, funktioniert nicht so richtig. Die Gabi im Schlepptau bedeutet in diesem Kontext nämlich nicht: „Ich bin schon vergeben." Sondern: „Ich hab's ganz dringend nötig." Soweit die scherzhafte Betrachtung des Problems.

Denn in Ihrer Frage scheint im Kern doch etwas anderes zu stecken. Kann es sein, dass Sie ein kleines Problem mit Schwulen haben? Natürlich sagen Sie jetzt: Ich habe sooo viele schwule Freunde und Kollegen, und das ist sooo normal, dass ich gar nicht weiter drüber nachdenke. Aber einer von denen, einer von uns sein? Wenn Sie ehrlich sind, ist das vielleicht dann doch eine gruselige Vorstellung für Sie? Ihr Umfeld könnte ja sonst was denken!

Hätten Sie die Gleichberechtigung von Homo- und Heterosexualität wirklich verinnerlicht, dann würden Sie nicht einen einzigen Gedanken daran verschwenden, in wessen Beuteraster Sie fallen. Ein Flirt mit einem Mann würde Ihrem Ego schmeicheln – und keine Alarmsignale auslösen. Bedeutet „schwul" für Sie vielleicht in Wahrheit: „unmännlich"?

Gehen Sie doch einmal in sich und stellen Sie sich die Frage, was in aller Welt denn nur so schlimm daran ist, von einem Mann angebaggert zu werden? Also: angeflirtet, nicht belästigt – letzteres ist natürlich in keiner geschlechtlichen Konstellation in Ordnung. Vielleicht senden Sie ja Signale aus, mit denen Sie auf dem inneren Schwulenradar auftauchen, mit dem die meisten Homosexuellen ausgerüstet sind.

Damit müssten Sie leben, denn es gehört zu Ihrer Persönlichkeit.

Den von Ihnen beschriebenen Fall gibt es übrigens auch bei uns: Frauen verknallen sich gern in Schwule. Schließlich treiben wir alle viel Sport, riechen gut und können mit Farben umgehen (kleiner Scherz). Nicht selten sind hier, nachdem Missverständnisse mit einem freundlichen Satz – oder besser: bei einem Drink – ausgeräumt wurden, innige Freundschaften entstanden. Manchmal geht man dann sogar zusammen zum Gay-Tea-Dance.

Björn Seeling

Gemeinsam feiern

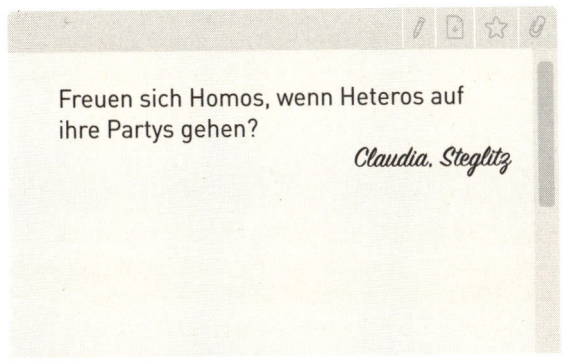

> Freuen sich Homos, wenn Heteros auf
> ihre Partys gehen?
>
> *Claudia, Steglitz*

Jein! Natürlich ist es wunderbar, wenn am Christopher Street Day Heteros und Homos zu einer großen feiernden Familie verschmelzen. Rentnerinnen vor dem KaDeWe und die Transen im Zug werfen einander Kusshände zu, Eltern tragen ihre Kinder auf den Schultern, damit sie die Homos gut sehen können. So entspannt ging es längst nicht immer zu. Bei Berlins erster Homo-Demo 1973 gab es noch Passanten, die schrien: „Die Nazis haben vergessen, euch zu vergasen!" Damals mitdemonstrierende Lehrer*innen hatten sich mit Kapuzen vermummt, weil Schwule und Lesben im Schuldienst undenkbar waren.

Homofreundliche Heteros, die sich auf dem CSD oder auf einschlägigen Partys wohlfühlen, sind dort also willkommen, den Wirten als zahlende Gäste sowieso. Und sollte so nicht die Zukunft aussehen: Homos und Heteros glücklich vereint – egal, wer was ist?

Aber so weit sind wir leider noch nicht. Denn natürlich spielt es sehr wohl eine Rolle, wer was ist. Viele Homos trauen sich nicht, sich am Arbeitsplatz zu outen. Andere werden bedroht oder geschlagen, wenn sie einander in der S-Bahn umarmen oder wenn sie gegen die heterosexuellen Bekleidungsnormen verstoßen.

Darum suchen viele Homos Homo-Partys nicht nur auf, wenn sie auf Partner*innensuche sind. Ihnen geht es auch darum, ihre Batterien unter ihresgleichen aufzuladen. Denn zu einer diskriminierten Minderheit zu gehören, kann einen latenten Dauerstress erzeugen. Man sucht davon Entlastung an Orten, an denen man als normal gelten darf. Nicht nur auf Partys, auch im Schwulenchor, beim lesbischen Kneipenquiz oder im Urlaub: Manche Lesben entspannen sich in dem Dorf Skala Eressos auf Lesbos, wo sie das Bild bestimmen, ähnlich wie in Provincetown in Massachusetts, einer Hochburg der Lesben und Schwulen. Für Heteros ist es selbstverständlich, den ganzen Tag von anderen Heteros umgeben zu sein. Homos hingegen müssen sich freuen, wenn sie im Alltag oder im Urlaub einmal anderen Homos begegnen.

Darum finden manche es auch nicht lustig, wenn eine heterosexuelle Junggesellenabschiedsparty als „Mutprobe" in die Gay-Bar kommt. Nicht störend, sondern albern ist es, wenn Heteropaare zum schwul-lesbischen Stadtfest gehen, aber ängstlich Händchen halten, damit bloß keine/r was Falsches denkt. Und wegen der vielen Hetero-Touristen hat die *Möbel Olfe* am Kotti ein großes Tuch ins Fenster gehängt, auf dem „Homo Bar" steht.

Fazit: Heteros welcome – aber nicht so viele auf einmal und nur solche, die sich gut betragen. Danke dafür!

Anja Kühne

Schwuler Frauenhass

Beim Verhältnis zu Frauen gilt für schwule Männer dasselbe wie für alle Männer – es gibt solche und solche. Zunächst einmal die innige Seite der Beziehung: Viele Schwule vergöttern Frauen. Unsere größten Ikonen sind nicht etwa andere schwule Männer, sondern Madonna, Barbra Streisand oder Lady Gaga, um einige zu nennen. Wir pilgern zu ihren Konzerten oder ihren Filmen und widmen ihnen eigene Partys. Die Verehrung hat nicht zwangsläufig etwas damit zu tun, dass sich diese Künstlerinnen für Homo-

Rechte einsetzen. Vielmehr faszinieren an ihnen die Größe des Auftritts, Flamboyanz, das Spielen mit Geschlechterrollen und Sexualität. Sie sind die Diven, die viele von uns gerne wären.

Manch schwuler Mann ist als Transe unterwegs, andere Schwule betätigen sich als Schöpfer von Mode für Frauen. Im weniger schillernden Alltag dürfte es viele geben, die deutlich mehr Frauen als Hetero-Männer in ihrem Freund*innenkreis haben. Und nein, diese Freundschaften beruhen nicht zwangsläufig auf einem gemeinsamen Interesse für Klamotten und dem Austauschen von Beziehungstipps, wie es das Klischee will. Eine Grundlage ist womöglich auch, dass die Buddy-Welt der Hetero-Männer beiden, Frauen wie Schwulen, fremd und verschlossen scheint.

Für Frauen, die fast nur schwule Freunde haben, haben Homos indes auch Begriffe wie „Schwulenmutti" oder „Gabi" erfunden. Die sind nicht nur ironisch gemeint, sondern haben einen beleidigenden Unterton – ein erstes Anzeichen für die Ambivalenzen in der Beziehung von schwulen Männern zu Frauen.

So sind anderen schwulen Männern Frauen völlig egal. Sie haben zwar nichts gegen sie, interessieren sich aber auch nicht für sie – und stellen auch Lesben ins Abseits, deren Belange sie ignorieren. Schließlich gibt es diejenigen Schwulen, die sich tatsächlich dezidiert von Frauen abgrenzen, bei denen man durchaus von Frauenhass sprechen kann. Ein Grund dafür: Sie fürchten, von der Mehrheitsgesellschaft wegen ihres Schwulseins nicht als ganzer Kerl gesehen zu werden und daher ihre Privilegien als Mann zu verlieren. Sie werten Frauen ab, um ihre Männlichkeit zu unterstreichen und ihre eigenen Privilegien zu retten.

Schlau ist das nicht. Den vermeintlichen Makel des „weiblichen Schwulen" wird man nicht los, indem man Frauen abwertet. Schwule Männer sollten sich mit Frauen besser solidarisieren. Nur dort, wo es Frauen gutgeht, wird es auch ihnen gut gehen.

Tilmann Warnecke

Wenn es im Alter einsam wird

> Wie kommen Schwule und Lesben damit klar, im Alter möglicherweise auf sich allein gestellt zu sein, da sie keinen Nachwuchs haben, der sich um sie kümmert?
>
> *Dominic, Friedrichshain*

Es ist nett, dass Sie sich Sorgen um das Wohlergehen Ihrer queeren Mitbürgerinnen und Mitbürger machen. In der Tat haben ja trotz steigender Zahl der Regenbogenfamilien immer noch weniger homosexuelle als heterosexuelle Paare Kinder. Andererseits bedeutet Nachwuchs für die Eltern heutzutage ja keineswegs mehr eine Garantie, dass sie im Alter auch von ihren Kindern umsorgt werden. In unserer globalisierten, individualisierten Gesellschaft leben die

Generationen häufig weit voneinander entfernt, vielfach fehlen seitens der Jüngeren Zeit und Bereitschaft, für die Alten da zu sein. Davon zeugen allein schon die vielen professionellen Pflegedienste. Sie übernehmen Aufgaben, für die einst quasi automatisch die Kinder zuständig waren.

So ist auch für heterosexuelle Senioren und Seniorinnen mit Kindern das Risiko von Alterseinsamkeit heute weit höher als noch vor 30, 40 Jahren. Kinderlose Homosexuelle haben ihnen gegenüber vielleicht sogar einen Vorteil: Ihnen ist diese Problematik bereits früher bewusst, und sie können sich beizeiten darauf einstellen. Das Verhältnis zur Familie ist für viele queere Menschen – zumal aus der Generation 70 plus – ohnehin häufig ein ambivalentes. Denn wer in den fünfziger oder sechziger Jahren sein Coming-out hatte, konnte nicht unbedingt auf das Verständnis von Eltern, Tanten und Geschwistern zählen. Zudem galt der Paragraf 175, Schwulsein war quasi illegal.

Aufgrund von familiärer und gesellschaftlicher Ausgrenzung ist für Trans- und Homosexuelle die Bedeutung von Freundinnen und Freunden traditionell besonders hoch. Wie wichtig Ersatzfamilien und Netzwerke sind, haben vor allem Schwule zu Hochzeiten der Aids-Krise schmerzhaft erfahren. Die Herkunftsfamilien wendeten sich vielfach von den stigmatisierten Kranken ab. Ohne ihre queeren Freunde wären viele allein gestorben.

Aber selbst ein langlebiger, engagierter Freundeskreis kann nicht alle Bedürfnisse abdecken. Schätzungen gehen deutschlandweit von über 100.000 pflegebedürftigen Homosexuellen aus. Es existieren jedoch kaum professionelle Angebote für sie. In Berlin gibt es immerhin seit 2012 die Wohngemeinschaft „Lebensort Vielfalt", ein Mehrgenerationenhaus für schwule Männer mit Pflegebedarf und Demenz. Der Bedarf für ähnliche Einrichtungen dürfte gerade in der Homo-Hochburg Berlin groß sein. Denn es ist niemandem zu wünschen, an seinem/ihrem Lebensabend in einem Altersheim plötzlich noch einmal über ein Outing grübeln zu müssen oder alte Ablehnungsrunden ein weiteres Mal zu durchlaufen.

Nadine Lange

Der schwule Sinn fürs Schöne

Was ich mich schon häufig gefragt habe: Warum scheint es so, dass seeehr viele Schwule so ein besonderes Gespür für Ästhetik, Mode und gutes Leben haben? Oder ist das gar ein Fakt?

Eike, Lippstadt

Ihre Frage würde ich seeehr gern noch erweitern: Warum sind seeehr viele Schwule so sensibel, warum stehen sie auf bunte Klamotten, warum färben sie sich – soweit möglich – blonde Strähnchen, schwingen die Hüften wie Shakira, und warum heißen seeehr viele von ihnen Detleeef? Nach Lesben haben Sie sich zwar nicht erkundigt, aber vermutlich fragen Sie sich insgeheim auch, warum seeehr viele homosexuelle Frauen so männlich wirken, Holzfällerhemden tragen und sich nicht die Achseln rasieren.

Die Aufzählung klingt schräg? Kein Wunder. Denn so sind die gängigsten Klischees über Homosexuelle: schräg. Aber wie das so ist mit einem Klischee: Hat es sich erst einmal im Kopf festgesetzt, dann findet sich auch die Bestätigung dafür. Sicherlich haben Sie einen Schwulen in Ihrem Bekanntenkreis, der im Designerloft hockt und sich schon morgens mit Champagner die Zähne putzt. Und bestimmt denken Sie an die Paraden zum Christopher Street Day, auf denen sich mykonos-gebräunte Muskelmänner in Calvin-Klein-Buxen die Kante geben, bevor sie für die nächsten 72 Stunden zum Abfeiern in den Clubs verschwinden. Und Sie, lieber Eike, müssen wieder die Kinder hüten, während die Homos das locker verdiente Geld von den tollen Jobs beim Tagesspiegel oder bei der Lufthansa egoistisch auf den Kopp hauen.

Aber Sie kennen eben nicht alle Schwulen. Uns gibt es nämlich nicht nur in der Ausführung reich und erfolgreich, sondern auch in der Variante arm und gescheitert (soll ja bei Heteros ganz ähnlich sein). Die Version prekärer Homo ist gar nicht mal so selten, auch weil das Leben vieler Homosexueller gekennzeichnet war (und ist) von Diskriminierung. Das liegt nicht nur bleischwer auf der Seele, sondern ist auch eine Last beim persönlichen Fortkommen. Schwule, so hat eine US-Ökonomin nach Auswertung von 30 Studien herausgefunden, verdienen beispielsweise durchschnittlich elf Prozent weniger als Hetero-Männer.

Aber Ernst beiseite. Melden Sie sich doch mal beim schwulen Dating-Portal Gayromeo an. Dort gibt es ein Forum mit dem durchaus ironisch gemeinten Namen „Schwule Wohnkultur". User laden hier Fotos hoch, die ihnen beim Surfen über die Profile anderer Nutzer aufgefallen sind – wegen der Hässlichkeit der Interieurs. Die Aufnahmen zeigen Männer in ihrem häuslichen Umfeld, bei dem jeder Innenarchitekt (die sind ja auch meistens schwul – kleiner Scherz) tot vom Designerschrank fallen würde.

Björn Seeling

Keine Queerfront mit der AfD

Ich habe gehört, dass es eine Interessen-
gemeinschaft „Homosexuelle in der AfD"
gibt. Aber wie stehen Homosexuelle generell zu der Partei?

Martina, Mitte

Eigentlich sollte es auf diese Frage eine einfache Antwort geben: Homosexuelle unterstützen diese Partei
nicht. Denn es handelt sich um eine Partei, die Stimmung gegen Minderheiten macht. Schon weil wir
als Minderheit selber auf Schutz angewiesen sind, ist
diese Partei für uns unwählbar.

Es ist aber anders. Unter LGBTIs gibt es durchaus
Sympathien für die AfD. Manche LGBTI fühlen sich
von der anti-muslimischen Ausrichtung der Partei
angezogen. In der Homo-Szene greife die Angst vor

dem Islam immer mehr um sich, schrieb kürzlich das queere Stadtmagazin *Siegessäule*. Die Stimmung werde auch angeheizt durch gewalttätige Übergriffe. So sei unlängst eine Transperson in Kreuzberg unter „Allahu akbar"-Rufen geschlagen worden.

Die LGBTI-Sympathisant*innen der AfD behaupten, dass Homofeindlichkeit heute fast nur von später zugewanderten Muslimen ausgeht, also von „außen" kommt. Die deutsche Mehrheitsgesellschaft hingegen sei längst darüber hinweg. Die Unaufgeklärten (Muslime) stören den Frieden der Aufgeklärten (Christen): Die Gruppe „Homosexuelle in der AfD" instrumentalisiert LGBTI-feindliche Übergriffe entsprechend. Dass Hass auf LGBTI in Wahrheit tief in der deutschen Mehrheitsgesellschaft verankert ist – und nicht nur unter fundamentalistischen Christen oder manchen Fußballfangruppen gepflegt wird, wird ausgeblendet.

Die LGBTI-Anhänger*innen der AfD glauben, dass sie selbst zur Mitte der Gesellschaft gehören. Darum stört es sie nicht, dass die AfD schulische Aufklärung über Homo- und Transsexualität abschaffen will und sie als „Frühsexualisierung" „unserer Kinder" diffamiert. Auch dass die AfD die Geschlechterforschung sowie staatliche Maßnahmen, die auf die Gleichstellung von Mann und Frau zielen (Gender-Mainstreaming), stoppen will, gefällt manchen. Schwule AfD-Anhänger halten Gleichstellungspolitik für einen Angriff auf ihre Privilegien als Männer.

Dennoch: Die meisten Homos finden eine Partei, die auf komplexe Probleme nur einfache und feindselige Antworten gibt, abschreckend. So wundert es auch nicht, dass LGBTI nun mit einer Aufklärungskampagne auf lautstark in der Szene vernehmbare AfD-Sympathisant*innen reagieren. „Arsch hoch! Berlin braucht uns. Keine Stimmen den Blauen und Braunen!" lautet der Slogan des Bündnisses von 30 queeren Berliner Institutionen, darunter die Aids-Hilfe, der CSD und das Frauen-Kulturzentrum Begine. In diesem Sinne!

Anja Kühne

Es gibt kein halbes Ja

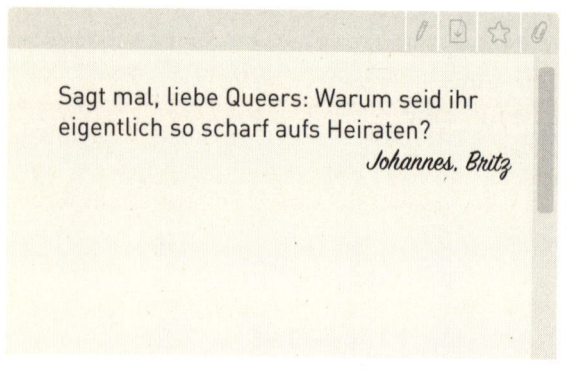

Sagt mal, liebe Queers: Warum seid ihr
eigentlich so scharf aufs Heiraten?

Johannes, Britz

Ob wir wirklich alle scharf aufs Heiraten sind, sei dahingestellt. Aber selbst große Ehemuffel unter uns legen Wert darauf, dass uns zumindest die rechtliche Möglichkeit eröffnet wird. Die Unionsparteien verbarrikadieren Homosexuellen den Zugang, als würden sie Fort Knox sichern. Zwar mag die „Eingetragene Lebenspartnerschaft", wie das eheähnliche Institut für Homos heißt, inzwischen in fast allen Punkten der Hetero-Ehe gleichgestellt sein. Als wichtiger Punkt fehlt aber noch das gemeinsame Adoptionsrecht. Dass Lesben und Schwule vom Staat überhaupt in eine Verbindung zweiter Klasse gezwungen werden, empfinden viele als demütigend.

Würde die Ehe vollends geöffnet, wäre das von großer symbolischer Bedeutung: Der deutsche Staat, der Homosexuelle lange verfolgt hat, würde damit dokumentieren, dass er uns Homosexuelle fortan wirklich genau wie Heterosexuelle akzeptiert. 21 andere Staaten haben das bereits getan, warum sollten wir das nicht auch schaffen? Im Sprachgebrauch „heiraten" Lesben und Schwule längst. Glückwunschkarten gratulieren auch Homo-Paaren zur „Hochzeit" und nur selten zur „Verpartnerung". Das klingt so bürokratisch, dass es jede Romantik tötet.

Und so werden nach einer Ehe-Öffnung einige Homos sofort Smoking anlegen, weiße Kleider überwerfen und die Standesämter stürmen. Wie bei den Heteros gibt es indes andere, die die Ehe für sich persönlich ablehnen. Sie sehen sie als Relikt einer patriarchalischen Gesellschaft und fragen, warum sich Homos freiwillig der heteronormativen Mehrheitsgesellschaft unterwerfen. Das gilt umso mehr, als finanziell ungleiche Beziehungen mit dem Ehegattensplitting nachgerade gefördert werden.

In der queeren Emanzipationsbewegung hinterfragen daher einige, wie emanzipatorisch die Eheöffnung wirklich ist. Der US-Philologe und Queertheoretiker Michael Warner hat der – überwiegend gut situierten und weißen – Homobewegung in den USA vorgeworfen, sie würde für die Ehe kämpfen, weil sie sich von der Hochzeit einen Statusgewinn in der Mehrheitsgesellschaft erhofft. Er befürchtet, gesellschaftlich akzeptiert würden nur die „guten" Homos, die heiraten. „Schmuddelkinder" blieben die, die sich verweigern. Konsequent ist es vor diesem Hintergrund, wenn sich Lesben und Schwule für die langfristige Abschaffung der Ehe einsetzen.

Nahziel muss gleichwohl deren Öffnung sein. Auch wenn der Kampf gegen Diskriminierung damit noch lange nicht beendet wäre.

Tilmann Warnecke

Schwule gehören zum Fußball

> Warum ist es für die queere Community oder zumindest für deren fußballbegeisterten Teil eigentlich so wichtig, dass endlich ein aktiver schwuler Spitzenfußballer sein öffentliches Coming-out hat?
>
> *Bodo, Reinickendorf*

Zuallererst wäre das für die schwulen Spieler selbst wichtig, die tagtäglich einen Teil ihrer Persönlichkeit verleugnen müssen. Das reicht vom Ignorieren homophober Bemerkungen bis hin zum Anheuern von angeblichen Freundinnen. Eine ziemlich nervenaufreibende Angelegenheit, die einiges an Energie frisst. Energie, die ein Profifußballer eigentlich lieber in seinen Sport stecken würde.

Der frühere Zweitliga-Spieler Marcus Urban hat das in seinem Buch *Versteckspieler* anschaulich beschrieben.

Neben dem einstigen Nationalspieler Thomas Hitzl-sperger ist Urban der einzige offen schwule Ex-Profi. Dass es bisher kein aktiver Spieler in Europa gewagt hat, sich öffentlich zu outen, zeigt, wie groß Angst und Ver-unsicherung bei diesem Thema sind. Homosexualität bleibt ein Tabu im Fußball. Es wirkt fast wie die letzte Verteidigungslinie all jener Starrköpfe, die den Sport als Bastion ungebrochener Macho-Männlichkeit sehen. Und die musste in den letzten zehn Jahren schließlich schon genug einstecken: immer mehr Frauen im Sta-dion, dazu queere Fan-Clubs und Toleranz-Initiativen der Verbände. Da will man wenigstens ab und zu noch „Spiel nicht so schwule Pässe" oder „Schiri, du Schwuch-tel" schreien können.

Das Klima ist zwar besser geworden, doch Homo-phobie gehört genau wie Rassismus immer noch zum Fußball. Umso wichtiger ist es, gegen beides weiter anzugehen. Ein öffentliches Coming-out von einem oder mehreren Spitzenspielern wäre da ein starkes Zei-chen, das bis in den Amateur- und Jugendbereich hin-ein signalisieren würde, dass Schwule selbstverständ-lich einen Platz im Fußball haben. Vor allem wegen dieser Vorbild-Funktion wünscht sich die LGBTI-Com-munity einen mutigen schwulen Kicker, der raus-kommt. Vielleicht würden sich Nachwuchsspieler, die merken, dass sie auf Jungs stehen, weniger allein und weniger seltsam fühlen – und nicht unter die Versteck-spieler gehen.

Der Medienrummel, den ein Coming-out auslösen würde, ist sicher ein Grund, warum potenzielle Kandidaten diesen Schritt scheuen. Niemand kann gezwungen werden, sich so zum schwulen „Klassensprecher" zu machen. Doch nach anfänglicher Aufregung wäre es dann nichts Besonderes mehr. Wir haben schließlich das Jahr 2016 und leben in einer Demokratie. Da kann man als gut bezahlter Fußballer vielleicht wirklich mal etwas wagen. Also, schwule Spieler: Die westlichen Werte zum EM-Start im Praxistest – wäre doch ein Treffer.

Nadine Lange

Tuckig? Geht's noch?

> Haben Sie eine Erklärung dafür, dass Schwule oft so penetrant tuckig in Sprache und Gestik sind, wie es einem Persiflagen à la Bully Herbig immer weismachen wollen? Oder täuscht der Eindruck?
>
> *Bodo, Berlin*

Leider gibt es diese Kolumne nicht als Video, sonst könnten Sie sehen, lieber Fragesteller, wie sich der Autor beim Verfassen dieser Zeilen erschrocken Luft zufächelt – mit abgeknicktem Handgelenk, versteht sich. Männer, die sich Ihrer Meinung nach nicht maskulin verhalten, stören Sie offenbar gewaltig.

Da geht es Ihnen übrigens wie „den Schwulen". Denn „Tucken" sind grad nicht groß angesagt. Es gilt in der Szene teilweise gar als No-Go, irgendwie feminin zu wirken. Der schwule Mann hat „heterolike" aufzutreten. Das Ganze führt gar so weit, dass ein US-Szene-Modelabel T-Shirts mit dem Aufdruck „No Fats No Fems" („Keine Fetten, keine Femininen") verkauft. Daneben kann ein maskuliner Gestus aber auch ein Schutz vor homophoben Attacken sein.

Trotz allem gibt es immer noch „tuckiges Verhalten". Manche Schwule haben Spaß daran, nicht nur vermeintlich weibliche Eigenarten zu persiflieren, sondern auch jene, die ihnen die Heteros zuschreiben. Häufig ist das beim Ausgehen in der Gruppe zu erleben, gern auch mal nach zwei bis drei Bier. Man redet sich als „Frau" Sowieso an, bewegt sich affektiert, gestikuliert wild. Das wirkt auf Außenstehende vermutlich dann wie ein Bully-Herbig-Film.

Ob dieses Overacting besonders originell ist, sei dahingestellt. Doch es zeigt, dass viele Schwule ganz grundsätzlich mit den Kategorien „typisch Mann" oder „typisch Frau" wenig am Hut haben. Den Männern, denen Sie, lieber Fragesteller, offenbar oft begegnen, ist es entweder schlichtweg egal, was andere von ihnen denken, oder sie wollen sich durch Sprache und Gestik bewusst von den Heteros abgrenzen. Auf jeden Fall scheinen sie unangepasstere Menschen zu sein. Das legt auch eine US-Untersuchung nahe. Psychologen verglichen Filmaufnahmen aus der Jugend von Homo- und Heterosexuellen und stellten fest, dass sich die jungen Schwulen weniger stark normiert bewegten. Zudem waren bei ihnen beide Verhaltensextreme stark ausgeprägt – das besonders feminine und das besonders maskuline Auftreten. Allerdings kritisierten andere Forscher, dass auch kulturelle Einflüsse bestimmte Bewegungsmuster bedingten: So trete heute kein Mann, egal ob hetero oder schwul, noch so zackig-militärisch auf wie früher.

Wie wär's? Machen Sie doch mal ein Video von sich und gucken Sie, wie Sie sich bewegen. Was hätte wohl der Ur-Opa (also der, der unterm Kaiser gedient hat) dazu gesagt?

Björn Seeling

Unser Blut ist nicht schlechter

Nach dem Anschlag von Orlando standen Menschen Schlange, um Blut für die Verletzten zu spenden. Da fragte ich mich sofort: Ist Blutspenden in Deutschland für Schwule eigentlich immer noch verboten? Und halten sich alle daran?

Hartmut, Falkensee

In Deutschland ist das Verbot sogar schärfer als in den USA. Hierzulande sind pauschal alle Männer vom Blutspenden ausgeschlossen, die Sex mit Männern haben – neben Schwulen also auch Bisexuelle sowie Männer, die sich als heterosexuell verstehen, aber ab und zu auch mit Männern schlafen. In den USA gilt für sie immerhin eine Karenzzeit: Leben sie ein Jahr enthaltsam, ist das Blutspendeverbot aufgehoben.

Das deutsche Verbot basiert auf einer EU-Richtlinie. Sie schließt Personen aus, bei denen das Risiko hoch ist, dass sie durch Blut übertragene Infektionskrankheiten in sich tragen. Es lässt sich nicht wegdiskutieren, dass Männer, die Sex mit Männern haben, eine Risikogruppe sind: Auf sie entfallen zwei Drittel aller HIV-Neuinfektionen. Und nach jeder Infektion gibt es ein kurzes Zeitfenster, in dem HIV noch nicht nachweisbar ist – was es für Empfänger des Bluts gefährlich machen könnte.

Dass für die Behörden Sicherheit an erster Stelle steht, ist selbstverständlich. Dennoch empfinden Homosexuelle die Regeln als diskriminierend, da sie schwule Männer unter Generalverdacht stellen: Insinuiert wird, dass alle wild und ungeschützt herumvögeln; ausgeblendet wird, dass im Gegenteil viele schwule Männer Safer Sex praktizieren und damit perfekt als Spender geeignet wären. Nicht die sexuelle Identität eines Menschen macht ihn zum Risikoträger, sondern seine Sexualpraktiken. Man könnte die Diskriminierung beenden, indem man vor der Blutspende nicht nach der Orientierung fragt, sondern nach ungeschütztem Sex. So ist es bei Heteros üblich, die bei häufigem ungeschützten Verkehr mit wechselnden Partner*innen auch nicht Blut spenden dürfen.

Theoretisch kann man beim Spenden verschweigen, dass man Sex mit Männern hat. Ob das oft passiert? Schwer zu sagen. Viele dürften sich gar nicht erst auf ein entwürdigendes Versteckspiel einlassen, wenn ihre Hilfe nicht erwünscht ist.

Um auf Orlando zurückzukommen: Das Verbot führte zu dem Irrsinn, dass Schwule nicht spenden durften, obwohl Konserven knapp wurden. Die Schlangen vor den Kliniken wurden so zu einem widersprüchlichen Symbol: Einerseits verdeutlichten sie die Solidarität helfender Heteros, andererseits verkörperten sie die Diskriminierung Schwuler, denen das Helfen verwehrt blieb. Ihnen wurde in dieser dunklen Stunde einmal mehr klargemacht, dass es mit ihrer Gleichstellung nicht weit her ist.

Tilmann Warnecke

Die Furcht vor dem Anderen

Dass Menschen sich lieben, sollte für ihre Mitmenschen kein Problem sein. Trotzdem gibt es in fast allen Gesellschaften Homophobie. Wie erklärt ihr euch das?

Friedrich, Wilmersdorf

Neulich sagte mein Vater, der selbst zwei homosexuelle Kinder hat: „Homophobie ist doch nur noch was für ganz wenige Idioten." Dabei gibt es immer wieder Studien, die das Gegenteil belegen. So haben gerade Wissenschaftler der Uni Leipzig ermittelt, dass 40 Prozent der Deutschen finden: „Es ist ekelhaft, wenn Homosexuelle sich in der Öffentlichkeit küssen." Rund 36 Prozent meinen: „Die Ehe zwischen zwei Frauen oder zwischen zwei Männern sollte nicht erlaubt sein." Und fast 25 Prozent halten Homosexualität für „unmoralisch".

Diese Abwehr kann viele Ursachen haben. Es kann ein angenehmes Machtgefühl auslösen, Minderheiten auszugrenzen – besonders wenn man sich selbst sonst machtlos fühlt. Und je abartiger andere erscheinen, desto normaler darf man sich selbst fühlen. Besonders vor Gott. Nicht nur fundamentalistische, auch konservative Gläubige aller Richtungen lehnen Homosexualität ab, weil sie angeblich mit den eigenen Glaubenssätzen unvereinbar ist. Darauf berufen sich radikalisierte Einzeltäter, wenn sie Homosexuelle ermorden. Der Täter von Orlando sah sich als Abgesandter der islamistischen Terrorganisation IS. Der ultraorthodoxe Jude, der vor einem Jahr eine 16-Jährige auf dem Jerusalem Pride erstach und fünf Menschen verletzte, berief sich auf Gott und die israelische Nation.

Eine Theorie besagt, die Ursache für Homo-Feindlichkeit sei unbewusste Furcht (griechisch: Phobie). Sie dränge zur Flucht – oder dazu, ihren Auslöser zu zerstören, wie der US-amerikanische Psychotherapeut George Weinberg meint, der den Begriff Homophobie 1965 prägte. Furcht haben kann man zum Beispiel vor eigenen homosexuellen Neigungen. Denn wegen ihrer gesellschaftlichen Tabuisierung fürchtet man, bald selbst zu den Stigmatisierten zu gehören. Anderen macht Angst, dass Homosexualität Gesellschaftsnormen infrage stellt, ohne die man sich unsicher fühlt. Schon durch ihre bloße Existenz bringen

Homosexuelle klassische Geschlechterrollen durch-einander – und damit auch die Machtverhältnisse.

Dass Homophobie unter Männern stärker ausge-prägt ist als unter Frauen, stellten unlängst italieni-sche Forscher*innen im Journal of Sexual Medicine fest. Auch neigten Menschen mit ausgeprägtem Psy-chozitismus besonders zur Homophobie, also Per-sonen, die aggressiv, gefühlskalt, egozentrisch und antisozial sind. Nicht Homosexualität, sondern die Furcht vor ihr geht also mit psychopathologischen Problemen einher.

Anja Kühne

Was uns eint, was uns trennt

Kürzlich habe ich mit einer lesbischen Freundin einen queeren Tanzabend besucht, wobei uns auffiel, dass sich die Schwulen sehr dominant verhalten haben und den meisten Raum beanspruchtes. Da kam mir die Frage: Wie grün sind sich Lesben und Schwule untereinander eigentlich?

Verena, Friedenau

Das müsste irgendwo zwischen hell- und mittelgrün liegen, schätze ich. Grundsätzlich gibt es ja viele Gemeinsamkeiten, weshalb eine gewisse Nähe zwischen uns besteht. Sowohl Lesben als auch Schwule wissen, wie es sich anfühlt, wenn man bemerkt, dass das eigene Begehren nicht der gesellschaftlichen Norm entspricht. Wir alle kennen das Gefühl, uns bei Eltern, Geschwistern oder Freunden zu outen und haben schon mal gegrübelt, wie offen wir gegenüber

Kollegen sein können. Auch die Diskriminierungserfahrungen sind ähnlich und die rechtliche Stellung
seit der Abschaffung des Paragrafen 175 gleich (allerdings dürfen Lesben im Gegensatz zu Schwulen Blut
spenden).

Aufgrund dieser Ähnlichkeiten machen Schwule
und Lesben oft gemeinsame Sache, etwa bei der Orga-
nisation von Paraden, Partys und Protestaktionen, in
Sportvereinen, Redaktionen oder dem Lesben- und
Schwulenverband LSVD. Als Minderheit erreicht
man mehr, wenn man zusammenhält. Womit natürlich noch nichts über die Qualität der Zusammenarbeit gesagt ist. Oft steht zwar das L für die Lesben
vorn, aber S wie schwul sagt, wo es langgeht. So
schrieb die Verlegerin und Journalistin Manuela Kay
in der *Siegessäule*: „Die wesentlichen Posten und Netzwerke sind fest in schwuler Hand."

Denn selbstredend bleibt im schwul-lesbischen
Verhältnis die gesamtgesellschaftliche Situation
nicht außen vor. Und Männer geben nun mal weiterhin den Ton an. Sie haben in der Regel bessere Jobs
und verfügen über mehr Geld. Bei Frauen- bzw. Män-
nerpaaren potenziert sich dieser Nach- bzw. Vorteil.
Die daraus resultierende ökonomische Überlegen-
heit der Schwulen spiegelt sich in Berlin etwa in der
Subkultur, die von Angeboten für Schwule dominiert
wird, während es nur noch eine einzige Lesbenkneipe
gibt. In der Öffentlichkeit sind Schwule sichtbarer
als Lesben, was dadurch verstärkt wird, dass in den

Medien immer noch Begriffe wie Schwulen-Ehe oder Schwulen-Parade benutzt werden, wo es Homo-Ehe oder queere Parade heißen müsste. Verständlich, dass es in Berlin einen Tag vor dem CSD-Umzug wieder einen „Dyke March" für mehr lesbische Sichtbarkeit geben wird. Was nicht ausschließt, dass die Lesben am nächsten Tag noch mal mit auf die Straße gehen – zusammen mit den Schwulen, Transmenschen und Bisexuellen.

Nadine Lange

Sprache bildet

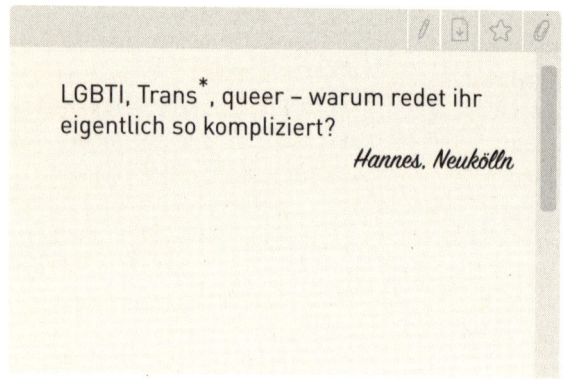

LGBTI, Trans*, queer – warum redet ihr
eigentlich so kompliziert?

Hannes, Neukölln

Zugegeben: Hätte Klaus Wowereit vor 15 Jahren seiner
SPD zugerufen, „Ich bin LGBTI, und das ist auch gut so",
hätten sich die Sozialdemokraten wohl gefragt, wovon
er eigentlich spricht. Von den Lankwitzer Genossen
für besseren Tierschutz? Mit Sicherheit wäre der Satz,
mit dem Wowereit dem Outing in der Boulevardpresse
zuvorkam, auch kein geflügeltes – und am Ende abge-
nudeltes – Wort geworden. So gesehen ist Einfachheit
prägnanter. Aber sie ist auch ein Problem.

Denn: „Die Sprache ist das bildende Organ des Gedankens." Das hat zwar nicht Wowereit gesagt, aber immerhin Wilhelm von Humboldt (über dessen Bruder Alexander sich übrigens das Gerücht hält, dass er schwul war). Sprache bestimmt also das Denken. So assoziieren die meisten Heteros mit „homosexuell" in erster Linie Männer, die auf Männer stehen. Frauenliebende Frauen fallen ihnen erst danach ein. Wenn überhaupt. Ausgrenzung fängt im Kopf an.

Beim Thema Ausgrenzung sind wir LGBTI – der Begriff stammt aus dem Englischen und umfasst Lesben, Schwule, Bisexuelle sowie trans- und intergeschlechtliche Menschen – sensibel. Es hat also nichts mit Kompliziertheit zu tun, wenn wir so reden. Wir wollen niemanden ausschließen und präzise sein. Die Buchstaben LGBTI sind allerdings auch nicht die perfekte Lösung. Denn nicht alle von uns fühlen sich repräsentiert. Sie wollen in keine Schublade, wo L, G, B, T oder I draufsteht. Oder sie finden wie manche Transsexuelle, Transgender oder Intersexuelle, dass ihre Anliegen nicht ausreichend beschrieben werden. Ein weiterer Begriff, der alle einschließen soll, die nicht der Hetero-Norm entsprechen, ist „queer" (sprich: kwier). Den verwendet der Tagesspiegel für seinen LGBTI-Blog.

Ähnlich verhält es sich mit dem Sternchen, dem sogenannten Gender-Star. Der Friedrichstadt-Palast verwendet das Zeichen konsequent in seiner Kommunikation und schreibt etwa von „Mitarbeiter*innen". Es gebe „Geschlechterfragen und -unsicherheiten zwischen den beiden exakten Kästchen m/w", wie Intendant Berndt Schmidt kürzlich sagte. In dem Stern sollen sich alle wiederfinden.

Es ist gewöhnungsbedürftig, nicht nur von „Schwulen" oder „Lesben" zu sprechen. Aber es geht. Das hat auf schreckliche Weise das Attentat von Orlando gezeigt. Während Angela Merkel zunächst herumeierte – was, siehe Humboldt, viel über ihr Denken aussagt –, sprach Barack Obama ganz selbstverständlich vom Anschlag auf Lesben, Schwule, Bisexuelle und Transgender.

Björn Seeling

Rosafarbenes Kalkül

> Neulich hat mich ein Plakat in Neukölln erschreckt, das zum Protest gegen „Pinkwashing" aufrief. Mache ich etwa als gay-friendly Hetero-Mann etwas falsch, wenn ich mit meiner Frau ein bisschen beim CSD mitlaufe und Spaß habe?
>
> *Reinhard, Charlottenburg*

Nein, Sie machen überhaupt nichts falsch! Da Sie ein homofreundlicher Hetero sind, kann der Verdacht des „Pinkwashing" Sie gar nicht treffen. Denn gemeint sind damit Heuchler: Leute oder ganze Einrichtungen, die ihre vermeintliche Homofreundlichkeit gerne groß ausstellen, aber nur homofreundlich tun, um selbst etwas zu gewinnen, also aus Kalkül.

Hat etwa ein großes Medienhaus auf dem CSD einen eigenen Truck am Start, profitiert es vom positiven Image des CSD. Es kann hoffen, neue Sympathien und neue Kunden zu gewinnen. Hetzen Journalist*innen in den Medien dieses Hauses aber nun gegen Homo- und Transsexuelle – drohen sie etwa schwulen Politikern mit Outing, nennen sie Pädophilie in einem Atemzug mit Homosexualität oder pflegen sie ein sexistisches Geschlechterbild – ist der Auftritt auf dem CSD nichts als „Pinkwashing": In kommerzieller Absicht maskiert er die wahre Ausrichtung des Medienhauses.

Geprägt wurde der Begriff „Pinkwashing" schon vor Jahrzehnten in einem anderen Zusammenhang. US-amerikanische Kosmetik- und Pharmafirmen hatten auf ihren Produkten mit rosa Schleifen – dem Symbol für das Engagement gegen Brustkrebs – geworben, obwohl ihre Produkte im Verdacht standen, Krebs auszulösen. Kritiker*innen sahen in der rosa Schleife also nicht den Ausdruck eines ernsthaften Engagements, sondern eine bloße Marketingstrategie, eben „Pinkwashing" (analog zum „Whitewashing", deutsch: „Schönfärberei").

Inzwischen spielt der Begriff „Pinkwashing" auch im Konflikt zwischen Israel und Palästina eine Rolle. Kritiker*innen werfen Israels Regierung vor, sich mit Israels Toleranz gegenüber Homosexuellen zu brüsten, um die Palästinenser als besonders barbarisch darzustellen, eigene Menschenrechtsverletzungen zu verschleiern und Pluspunkte im Propagandakrieg zu sammeln.

Diesen Vorwurf halten andere für absurd, für anti-israelisch und sogar für antisemitisch: Selbst wenn der jüdische Staat etwas Gutes tue, werde es ihm zum Nachteil ausgelegt. Manche sagen sogar, der Begriff „Pinkwashing" sei inzwischen stark antisemitisch konnotiert, deswegen dürfe er auch in anderen Kontexten nicht mehr verwendet werden.

So weit muss man vielleicht nicht gehen. Gut ist es jedenfalls, genau hinzusehen, wer sich öffentlich mit Homos solidarisiert und warum.

Anja Kühne

Akzeptanz, nicht Toleranz

> Den Schwulen und Lesben hier-
> zulande geht es doch gut. Wieso
> müssen sie immer noch die Christo-
> pher-Street-Day-Parade abhalten?
>
> *Andreas, Steglitz*

Durch das Massaker von Orlando ist mit Wucht ins Bewusstsein zurückgekommen, wie wenig selbstverständlich es nach wie vor ist, dass wir Orte haben, an denen wir so sein können, wie wir sind. Der Christopher Street Day hat dabei eine ähnliche Funktion wie ein queerer Club: Dort müssen wir uns nicht verstecken. Und alle Teilnehmenden konfrontieren die Welt mit der Forderung nach Akzeptanz. Indem Lesben, Schwule und Transmenschen so bunt und extrovertiert auf die Straße gehen, demonstrieren sie selbstbewusst ihr Anderssein. Es heißt ja nicht umsonst „Gay Pride".

Wir wollen nicht verhuscht und verdruckst leben. Bei der CSD-Parade macht die heterosexuelle Mehrheit mal die Erfahrung, in der Minderheit zu sein. Sie will ja dringend ihre Deutungshoheit behalten, sieht sich selbst als den Maßstab, als den wahren Leistungsträger der Gesellschaft. Der Gay Pride ist der Tag, an dem ihr diese Deutungshoheit streitig gemacht wird.

Am CSD teilzunehmen heißt außerdem, dass wir diejenigen mit unter unsere Fittiche nehmen, die sich vielleicht in diesem Jahr noch nicht alleine auf die Straße trauen, noch nicht geoutet sind oder am Rand stehen.

Mir begegnet gerade auch in bildungsbürgerlichen Kreisen oft die Argumentation, dass man ja gar nichts gegen Schwule oder Lesben habe, schließlich hätten sie auch den einen oder die andere im Familien- und Freundeskreis. Mit dieser individuellen Bekundung glauben die Leute zu beweisen, dass sie nicht homophob sind. Gleichzeitig lehnen sie jedoch die Gleichstellung der gesamten Minderheit ab. Die vielen Hasskommentare, wenn die völlige Gleichstellung der Homo-Ehe gefordert wird oder das Adoptionsrecht für gleichgeschlechtliche Paare, sprechen eine deutliche Sprache. So weit reicht die Sympathie dann auch nicht.

Viele Konservative und sogar einige Homosexuelle selbst behaupten, die sexuelle Orientierung sei

Privatsache. Das heißt übersetzt: Tu meinetwegen, was du nicht lassen kannst, aber behellige mich nicht mit deiner Andersartigkeit. Diese Aufforderung, sich nicht zu outen, entspringt einer ziemlich reaktionären Haltung. Denn in dem Moment, wo jemand wegen seiner oder ihrer Orientierung zusammengeschlagen oder anderweitig diskriminiert wird, ist sie keine Privatsache mehr, sondern eine politische Angelegenheit.

Ich nehme es so wahr, dass die Homosexuellen bestenfalls geduldet werden, was sich auch in dem Begriff Toleranz spiegelt. Das hat für mich etwas von Über-den-Kopf-Streicheln. Mir passiert es zum Beispiel immer wieder, dass mir gesagt wird: Sie sehen ja gar nicht lesbisch aus. Das ist dann unverhohlen als Kompliment gemeint. Aber was ist denn das für eine Toleranz, die nur gelten lässt, was so ähnlich aussieht wie man selber? Deshalb ist meine Forderung Akzeptanz. Wir müssen unsere Sexualität öffentlich machen können, sonst haben wir keine Akzeptanz erreicht. Und darum geht es beim CSD – immer noch.

Maren Kroymann,
Schauspielerin und Sängerin,
erhielt 2008 den Zivilcouragepreis
des Berliner CSD.

Unter Ottern

Neulich hörte ich, wie ein Schwuler andere Schwule in „Gays", „Schwuchteln" und „homosexuell liebende Männer" unterteilte. Was bedeuten diese Abgrenzungen? Sind die freundlich oder abwertend gemeint?

Jens, Kreuzberg

Keine Frage: Schwule Männer sind Großmeister darin, sich und anderen Schilder umzuhängen, um einander besser einordnen zu können. Am deutlichsten wird das auf Datingplattformen: Man kann dort unter unzähligen „Kategorien" von Männern wählen (so wird das uncharmanterweise tatsächlich genannt). Ein „Twink" sieht aus wie Leonardo di Caprio als Teenager, ein „Bär" ist stämmig und behaart, ein „Otter" weniger stämmig, dafür genauso behaart. Wer aus dem Raster fällt, hat es schwer.

Nun beziehen sich diese Kategorien auf Äußerlichkeiten. Die Bezeichnungen, die Sie nennen, zielen hingegen auf das Selbstverständnis eines schwulen Mannes. Tatsächlich sind sie nicht durchgängig freundlich gemeint. Offensichtlich ist das bei der „Schwuchtel", was für den vermeintlich effeminierten Mann steht. Selbstironisch nennen sich zwar Schwule manchmal untereinander so. Eigentlich ist es aber ein Schimpfwort. Als solches benutzen es auch Schwule abwertend, um sich von als „weiblich" wahrgenommenen Schwulen zu distanzieren.

„Homosexuell liebend" ist als Ausdruck ungewöhnlich. Es dürften die gemeint sein, die Beziehungen mit Männern haben, aber nichts mit der schwulen Szene zu tun haben wollen. Diese Konnotation schwingt in den USA beim Begriff „Homosexual Men" mit. Diese Gruppe legt Wert darauf, sich an der heterosexuellen Mehrheitsgesellschaft zu orientieren. Sie wollen sich von den „Gays" abgrenzen: Diese repräsentieren die schwule (Sub-)Kultur.

Man sollte nicht vergessen, dass „Gay" im Englischen die Lesben einbezieht. „Gay" wie „schwul" und „lesbisch" signalisiert, dass man selbstbewusst so ist, wie man ist. Schließlich hat es lange gedauert, bis sich Homosexuelle die ursprünglich negativ gebrauchten Wörter aneigneten und positiv umgedeutet haben.

Insbesondere Jüngere lehnen allerdings jedes Label für sich ab: weil sie sich mit keinem identifizieren können oder Labels generell als einengend empfinden. Natürlich ist es jedem überlassen, wie man sich bezeichnen möchte. Der völlige Verzicht auf Begriffe ist allerdings gefährlich, denn politische Kommunikation ist ohne sie kaum denkbar. Nur wenn Minderheiten sich auch benennen, können sie auf Diskriminierungen aufmerksam machen und Verbesserungen einfordern. Im Englischen haben Lesben und Schwule den Slogan „Proud to be gay" geprägt: stolz darauf, lesbisch oder schwul zu sein. Den Stolz sollten wir uns nicht nehmen lassen.

Tilmann Warnecke

Kein Geburtsfehler

Wird man eigentlich als Homosexueller geboren? Oder entscheidet sich das erst später im Leben?

Jens, Kreuzberg

Hätten Sie gefragt, lieber Jens, ob jemand zum Homosexuellen geboren wird, fiele die Antwort ziemlich kurz aus. Denn das sind die wenigsten von uns. Es ist nicht leicht, sich in der von Heteros dominierten Welt zu behaupten, in der man uns LGBTI immer noch für schräge Vögel, irregeleitete Wesen oder dekadente Outlaws hält. In einer Welt, in der man uns Therapien anbietet, um auf den rechten Hetero-Weg zurückzukehren, wie es evangelikal geprägte Kreise und von ihnen finanzierte Forschungsinstitute gerne tun. Sie halten Homosexuelle für krank (wie leider auch die Weltgesundheitsorganisation WHO bis 1992).

Solche Fundis erklären Homosexualität durch frühkindliche Bindungs- und Beziehungsverletzungen zwischen Sohn und Vater oder Tochter und Mutter. In der Pubertät würden diese „unerfüllten emotionalen Bedürfnisse" dann „sexualisiert" und auf Menschen desselben Geschlechts übertragen, etwa auf den „väterlichen Freund". Die lesbische Frau sucht demnach bei ihrer Partnerin die Liebe der Mutter. Problem nur: Homosexualität kommt in den besten Familien vor, und Heterosexualität soll in zerrütteten Verhältnissen ja nicht selten sein.

Also ist's am Ende doch die Biologie? Es gibt Hinweise dafür, dass in einer frühen embryonalen Entwicklungsphase des Gehirns auch die sexuelle Vorliebe festgelegt wird. Anfang der Neunziger hieß es nach einer Studie mit homosexuellen Zwillingen gar, das Schwulen-Gen sei gefunden. Doch weitere Forschungen konnten das nicht bestätigen. Heute vertreten manche Forscher die Ansicht, dass zumindest durch äußere Einflüsse wie Sexualhormone bestimmte Gen-Aktivitäten beim Fötus im Mutterleib „aus- oder angeknipst" werden, die sich auf die sexuelle Orientierung auswirken können.

Dem stehen Vertreter der Queer Theory gegenüber. Für sie sind Geschlechtsidentität und sexuelle Orientierung nicht naturgegeben, sondern auch die Folge sozialer und kultureller Prozesse, also konstruiert. Es wird nach biologischem (sex) und sozialem Geschlecht (gender) unterschieden, die Geschlechtereinteilung in Mann und Frau damit infrage gestellt.

Letztlich gehen die meisten Fachleute aber davon aus, dass sich biologische, soziale und kulturelle Einflüsse nicht voneinander trennen lassen. Da die Biologie also immer irgendwie mitmischt, kann man – sehr vereinfacht – sagen, Homosexualität ist angeboren. So im Sinne von „ganz natürlich". Fest steht auf jeden Fall: Ein Geburtsfehler ist sie nicht.

Björn Seeling

Wer schweigt, ist erpressbar

> Immerzu lese ich von Prominenten, die sich geoutet haben. Auch Kollegen von mir haben das getan. Warum müsst ihr ständig mitteilen, dass ihr homosexuell seid?
>
> *Anke, Heiligensee*

Ich erinnere mich an eine Karikatur, die zwei Schwule im Café zeigt. Einer sagt zur Kellnerin: „Erstens sind wir schwul, zweitens hätten wir gerne zwei Himbeereis mit Sahne." Die Botschaft: Der Drang zur Selbstoffenbarung kennt bei Schwulen keine Grenzen, noch im unpassendsten Moment drängen sie wildfremden Leuten ihre Sexualität auf.

So wie der/die Karikaturist*in denken offenbar viele Heterosexuelle. „Die sexuelle Orientierung ist doch Privatsache!", heißt es oft – warum müssen Schwule und

Lesben also unbedingt am Arbeitsplatz ihre Homosexualität mitteilen, wo sich doch Heterosexuelle auch nicht öffentlich über ihr Intimleben auslassen?

Aber teilt, wer sich als Homo zu erkennen gibt, wirklich mehr über sein Intimleben mit als all jene, die sich als heterosexuell zu erkennen geben? Natürlich nicht. Wie kommt es dann aber, dass Homosexualität als etwas ganz Privates gelten soll, während Heterosexualität selbstverständlich in aller Öffentlichkeit gepflegt wird: vom Foto der Ehefrau auf dem Betriebsschreibtisch bis zum paarweisen Auftreten beim Presseball? Während die Zurschaustellung von Heterosexualität gar nicht auffällt, gilt das Öffentlichmachen von Homosexualität schnell als aufdringlich. Gerade die erkämpfte Liberalisierung wird paradoxerweise als Argument dafür angeführt, dass Homos sich zurückhalten sollten: Warum müssen sie sich nervig outen, da doch kaum jemand mehr Homosexualität als anstößig empfindet?

Sogar manche Homos denken so. Sie argumentieren, dass ihre Homosexualität nicht ihre gesamte Persönlichkeit bestimmt, weshalb sie dieses eine Merkmal auch nicht an die große Glocke hängen wollen. Allerdings ist Homosexualität längst nicht so akzeptiert, dass man darüber nicht mehr reden müsste. Auf Schulhöfen und in Betrieben droht weiter Mobbing. Das Coming-out ist also ein Befreiungsschlag, weil es das Versteckspielen beendet. Wer sich outet, macht sich zwar angreifbar – aber nicht geoutet zu sein, kann ebenfalls riskant sein. Seit jeher haben Heteros versucht, ungeoutete Homos zu erpressen. Zu den prominenten Bedrohten in der deutschen Politik gehörten Ole von Beust und Klaus Wowereit.

Normal sein kann Homosexualität erst, wenn sie das Schamvolle und Skandalöse loswird, das die Mehrheitsgesellschaft ihr anhängt. Dazu müssen Homos sich als gewöhnliche Mitbürger*innen sichtbar machen. Die Behauptung, dass Homos sich vor jedem Kellner outen, ist insofern ein homofeindlicher Witz.

Anja Kühne

Keine Fetten, keine Opis

Bei allem Kampf gegen Klischees, bei allem Fortschritt der Menschheit: In Hetero-Beziehungen ist es oft immer noch so, dass ein erfolgreicher Mann nach einer äußerlich attraktiven Frau sucht, die den gängigen Vorstellungen von Sexyness entspricht. Sonst wäre die Balz kaum mit so vielen Beschwerlichkeiten aufseiten der Frau verbunden. Als da wären: halsbrecherische Schuhe, einengende Klamotten, kratzende Kontaktlinsen, klebrige Schminke, ziepende Frisuren. Wie ist das eigentlich in homosexuellen Beziehungen? Dem Augenschein nach gelten da andere Kriterien. Aber welche? Innere Werte?

Lisa, Mitte

Was letztlich den Ausschlag bei der Partner*innen-wahl gibt, ist oft schwer zu ergründen. Zum Glück ist in der Liebe ja nicht alles erklärbar. Ihrem Eindruck, dass bei Homosexuellen Äußerlichkeiten eine geringere Rolle als bei Heterosexuellen spielen, würden aber zumindest viele schwule Männer widersprechen. Denn Jugendwahn und Körperkult haben unter Schwulen oft eine enorme Bedeutung, nicht wenige fühlen sich davon unter Druck gesetzt.

Eine US-Studie will sogar festgestellt haben, dass Schwule bereits solche Männer als übergewichtig empfinden, die in den Augen von Heteros als völlig normalgewichtig durchgehen. „No fats" – keine Fetten – ist in genau dieser krassen Wortwahl oft als Forderung auf schwulen Dating-Profilen zu finden. „Keine Opis" übrigens auch – wobei das Opi-Sein für manche schon bei 30 anfangen kann. Es ist schon frappierend, dass in einer Gruppe, in der Diskriminierungserfahrungen verbreitet sind, untereinander aufgrund von Aussehen und Alter diskriminiert wird.

Woran könnte es liegen, dass sich auch Homosexuelle gern mit attraktiven Eroberungen schmücken? Die Soziologin Eva Illouz spricht beim Prozess der Partnerwahl von modernen „Heiratsmärkten", auf denen Sexyness, Interessen, sozialer Status, Geld und Macht – um nur einige Faktoren zu benennen – gegeneinander abgewogen und getauscht werden. Das gilt für Menschen jeglicher sexuellen Identität.

Ist man erst mal zusammengekommen, gibt es indes für lesbische und schwule Paare, anders als für Heteros, kaum über Jahrhunderte eingespielte Rollenmuster, auf die man – bewusst oder unbewusst – zurückgreift. Auf die Gleichberechtigung in der Partnerschaft dürfte sich das eher positiv auswirken. So teilen in Regenbogenfamilien laut anderen Studien die beiden Mütter oder die beiden Väter Haushalt, Erziehung und Erwerbsarbeit gleichmäßiger untereinander auf, als das bei Mutter und Vater in traditionellen Familien der Fall ist. Da können sich die Heteros von uns Homos was abgucken.

Tilmann Warnecke

Ungerechter Zorn

Ich habe gehört, dass manche Lesben ein Problem mit Ex-Lesben haben, die jetzt als Transmänner leben. Das verstehe ich nicht. Sollen doch alle glücklich werden, wie sie wollen, oder?

Johannes, Neukölln

Richtig, zumal man annehmen könnte, dass Angehörige einer Gruppe, die seit Langem um Anerkennung ringt, Verständnis für andere Minderheiten haben sollten. Doch es stimmt: Einige Lesben sehen Transmänner tatsächlich kritisch. Sie werfen ihnen quasi Verrat vor, weil sie sich durch die Transition in die privilegierte Genderkategorie des Mannes begeben und auch ins heterosexuelle Beziehungsmuster fallen. Denn ihr Begehren richtet sich ja weiterhin auf Frauen, wodurch sie nun als heterosexuell gelten.

Heute ist es einfacher als noch vor ein, zwei Jahrzehnten, eine Geschlechtsangleichung vornehmen zu lassen. Vor allem Butches – eher männlich auftretende Lesben – entscheiden sich für diesen Schritt. Die Reaktion der lesbischen Szene hat die Publizistin Andrea Roedig auf *Zeit Online* so beschrieben: „Bei den Lesben, zumindest bei denen einer bestimmten, mehr feministisch als queer geprägten Generation, löst der Trend zu Trans eine erotische Trauer aus und eine feministische Wut. Sie mögen nun mal Frauen, und jeder Transmann ist eine verlorene Butch. Die medizinisch-pharmakologisch unterstützte Vereindeutigung des Geschlechts bedeutet eine Reduzierung der Vielfalt spezifisch weiblicher Begehrensmuster. Und sie befördert eine Maskulinisierung, eine Aufwertung der Virilität gegenüber dem Weiblichen."

Menschen die Selbstdefinition ihrer Identität abzusprechen, weil man um die Butches trauert und „das Weibliche" marginalisiert sieht, erscheint mir persönlich recht anmaßend. Eine Transition bedeutet ja nicht, sich mal eben ein neues Outfit zuzulegen. Es ist ein aufwendiger, schmerzhafter Prozess, den Transmänner auf sich nehmen, um in ihrem teils lebenslang gefühlten Geschlecht anzukommen. Er ist verbunden mit einem zweiten Coming-out. Zudem droht ihnen statt Homo- nun Transfeindlichkeit.

Auch der Vorwurf, dass Transmänner die binäre Geschlechterordnung stärken, ist unfair. Es ist schließlich nicht ihre Schuld, dass die Genderrepräsentation immer noch in relativ engen Parametern geschieht und jede/r sich innerhalb dieser bewegen muss, um als Mann/Frau zu gelten. Außerdem sind Transmenschen der beste Beweis dafür, dass Geschlecht eine soziale Konstruktion ist und keine rein biologische Tatsache. Es wäre schön, wenn sich lesbische Feministinnen dieser alten feministischen Erkenntnis besinnen würden. Mehr Solidarität statt Wut!

Nadine Lange

Scharfe Zungen

> Wenn Heteros Witze über Homos machen, findet Ihr das wahrscheinlich nicht so lustig. Aber untereinander reißt Ihr bestimmt ständig Homowitze, oder?
>
> *Jens, Kreuzberg*

„Eine Lesbe kommt zum Papst ...", „Treffen sich zwei Schwule ..." – solche Witze erzählt man in der Homoszene selten oder nie. Trotzdem sind Homosexuelle sehr humorbegabt. Zu ihnen gehören Komiker*innen wie Hella von Sinnen, Hape Kerkeling, der US-Star Ellen DeGeneres oder die Kabarettistin Maren Kroymann. Überhaupt gehört Humor fest zur Homokultur. Dort äußert er sich vor allem in Ironie oder Selbstironie.

Vorneweg stolzieren dabei Dragqueens. Indem sie übertriebene Weiblichkeit zur Schau stellen, persiflieren sie Geschlechterrollen. Vor allem zeichnen sie sich aber trotz ihres Charmes durch eine gefährlich scharfe Zunge und extreme Schlagfertigkeit aus. Vielleicht sind sie so eloquent, weil sie gelernt haben, homophobe Anfeindungen verbal zu parieren. Homos sind von ihrem bissigen Witz keineswegs verschont: „Schlachteplatte" heißt die Klatschkolumne, in der Jurassica Parka im queeren Magazin *Siegessäule* über die Szene herzieht.

Homosexueller Humor kann sich durchaus auch an ein heterosexuelles Publikum richten, so Ades Zabel mit seiner aktuellen Show „Die wilden Weiber von Neukölln" und Sigrid Grajek, wenn sie in der Rolle der Coco Lorès amüsant über Zeitgeistiges spricht oder die große lesbische – und ebenfalls mit komischem Talent begabte – Chansonette Claire Waldoff interpretiert.

Homos genießen besonders Scherze über Eigenheiten ihrer Lebenswelt. Legendär sind die 20 Jahre alten Coming-out-Folgen von Ellen DeGeneres' Sitcom *Ellen* (noch zu sehen auf YouTube). Herrlich, wie die Eltern der Hauptfigur üben, den Satz auszusprechen: „Meine Tochter ist lesbisch." Auch die US-Serie *The L-Word* amüsierte Lesben mit Insiderscherzen. So arbeitet eine der Figuren, Alice, an einem Schaubild, das alle Verbindungen zwischen den ihr bekannten Lesben aufschlüsselt: Jede kennt eine, die eine kennt. Die lesbische Zuschauerin findet das lustig, denn aufgespießt wird die unter Lesben verbreitete Angst, jede neue lesbische Bekanntschaft könnte wegen der Überschaubarkeit der Szene Berührungspunkte mit anderen Lesben aus dem Bekanntenkreis haben.

Homos lachen also viel über sich selbst. Nicht lachen sollten sie aber über Witze, die abwertende Klischees über Homos transportieren – selbst wenn ein Homo sie verbreitet. Heteros sollten sich ohnehin beim Scherzen über Homos zurückhalten. Wer aus einer Machtposition über gesellschaftlich Marginalisierte lacht, hat keinen Humor.

Anja Kühne

Eine höchst dehnbare Sache

Ich habe gehört, dass sich am Wochenende die Fetischszene zum Folsom-Straßenfest in Schöneberg trifft. Täuscht mein Eindruck oder stimmt es, dass viele Homosexuelle auf Gummi und Leder stehen? Und warum eigentlich?

Michaela, Zehlendorf

Bevor wir den Fetischdingen auf den Grund gehen, ist sicherlich eine kleine Erläuterung notwendig, was es mit dem Folsom-Europe-Festival auf sich hat. Jedes Jahr am zweiten Wochenende im September reisen Tausende zu dem Straßenfest im Schöneberger Szenekiez an. Folsom Europe ist nach Angaben der Veranstalter mit 20 000 Besuchern das größte Fetischevent dieser Art in Europa. Vorbild bei der Gründung war das Festival der amerikanischen Leder- und Fetischszene, das seit Mitte der achtziger Jahre in der Folsom Street in

San Francisco gefeiert wird, als Teil der Leather Pride Week.

Um „Pride", also den Stolz aufs Anderssein, geht es hier wie dort, aber auch um Kontaktpflege in jeder Hinsicht: Gleichgesinnte treffen, Bekanntschaften schließen, Partys feiern, Shoppen, Charity, Sex haben. Die Offenheit, mit der dabei zur Sache gegangen wird, gefällt nicht jedem. 2005 bekam Klaus Wowereit Ärger mit der CDU, weil er ein Grußwort für das Festival verfasst hatte. Der damalige Generalsekretär Frank Henkel zog damals, nun ja, vom Leder, fand das unter der Würde eines Regierenden.

Dabei ist Fetisch nicht nur Sache der Homosexuellen. Erotik-Versandhäuser stünden vor der Pleite, wären da nicht Heteros, die Lust auf Leder, Gummi und Sadomaso haben. Und selbst im Familienbezirk Prenzlauer Berg wirbt ein Swingerclub mit seiner „Leder-Spielwiese". Dazu passt: Belastbare Zahlen zur Zielgruppe gibt es nicht, weshalb sich auch kaum beurteilen lässt, ob es unter Schwulen einen besonders hohen Anteil von Leder- und Gummifans gibt. Bei einer Umfrage unter homosexuellen Männern gaben jedoch zwölf Prozent an, darauf zu stehen. Und noch etwas stimmt: Viele von denen, für die Anderssein Alltag ist, gehen offen mit ihrer Vorliebe um. Die Fetischszene – und besonders die Lederfraktion – ist Teil der homosexuellen Subkultur. Männer in Motorradkluft gehörten von Anfang an zu den sichtbarsten Vertretern der Schwulenbewegung.

Ob homo oder hetero – wer sich in Leder oder Gummi hüllt, verändert seine Äußeres. Und mehr: „Man taucht ab in eine andere Welt, welche von denen, die Fetisch nicht verstehen oder empfinden können, niemals erreicht wird", beschreibt ein Szenegänger seine Gefühle. Dabei ist es von Mensch zu Mensch höchst unterschiedlich, was zum Objekt der Begierde wird: ein Gegenstand, ein Körperteil oder ein bestimmtes Material wie Leder, Lack und Gummi. Eine höchst dehnbare Sache also.

Björn Seeling

Die Homo-Lobby greift wieder an

Neulich war zu lesen, dass es im Vatikan so etwas wie eine „schwule Seilschaft" gab, die Papst Benedikt XVI. dann aufgelöst habe. Man hört auch immer wieder von einer „Homo-Lobby", die sehr gut organisiert sein soll und die Gesellschaft umziehen will. Seid ihr etwa eine Geheimorganisation, die die Weltherrschaft anstrebt?

Jo. Neukölln

Mist, jetzt habt ihr uns enttarnt! Es stimmt: Wir arbeiten in unseren regenbogenfarbenen Geheimzirkeln schon seit Jahrhunderten an der Lesbisierung und Verschwulung der Welt. Leider stockt das gerade ein bisschen, vor allem in Osteuropa und Südamerika.

Okay, jetzt mal im Ernst: Uns ist auch schon aufgefallen, dass schnell von „Seilschaften" oder einer „Lobby" die Rede ist, wenn sich Homos zusammentun, um für ihre Rechte einzutreten. Meist schwingt dabei der Verdacht mit, es seien verschwörerische Mächte am Werk, die heimlich eine zweifelhafte Agenda durchdrücken wollen. Vielleicht rührt diese Unterstellung aus Zeiten, als homosexuelle Menschen sich aufgrund gesellschaftlicher und juristischer Diskriminierung tatsächlich noch klandestin in Hinterzimmerzirkeln trafen. Das ist zum Glück lange vorbei, inzwischen gibt es zahlreiche Aktivist*innen, Politiker*innen und Vereine, die sich offen für LGBTI-Belange einsetzen. Die eingetragene Partnerschaft wäre ohne solchen Druck niemals realisiert worden, und queere Gruppen setzen sich weiter dafür ein, dass daraus irgendwann einmal eine gleichberechtigte Ehe wird. Auch bei den Adoptions- und Transrechten gibt es noch viel zu verbessern. Darauf müssen wir immer wieder aufmerksam machen, denn geschenkt wird uns leider immer noch nichts.

Diese Arbeit kann man natürlich als Lobbyismus bezeichnen. Leider ist dieser Begriff durch die Interessenvertreter finanzstarker Branchen wie der Pharma-, Automobil- oder Tabakindustrie in Verruf geraten, die versuchen, in ihrem Sinne Einfluss auf die Politik zu nehmen. So gab etwa der Verband der Europäischen Chemischen Industrie in Brüssel 2015 rund zehn Millionen Euro für Lobbyarbeit aus. Da geht es bei queeren Vereinen und Projekten deutlich kleinteiliger zu. Aber: Wir sind sichtbarer und lauter geworden. Weil das manchen nicht passt, versuchen sie, unsere Organisationen mit Begriffen wie Schwulen-Lobby abzuwerten.

Es war übrigens nicht Benedikt, der den Begriff der „homosexuellen Seilschaft" benutzte, sondern sein Interviewpartner Peter Seewald, was dann viele Medien übernahmen. Der Ex-Papst sprach lediglich von einer „Gruppe". Worin deren Vergehen bestanden haben soll, ist unklar. Und das homophobe Image des Vatikans intakt.

Nadine Lange

Wir bleiben uns treu

> Ein paar schwule Freunde von mir haben sich mal darüber beschwert, dass es für sie als Schwule schwierig sei, Partner für feste Beziehungen zu finden. Ist das wirklich so und wenn ja, warum?
>
> *Angie, Friedrichshain*

Tja, schwer zu sagen. Wer sich viel auf Dating-Apps herumtreibt, könnte natürlich diesen Eindruck bekommen. „Ich suche meinen Traumprinzen, der das Leben mit mir verbringt" – das wird man dort eher selten lesen. „Fun now" suchen dafür umso mehr Männer. Wobei unter „Fun" die wenigsten verstehen, sich gegenseitig Liebesgedichte auf dem Sofa vorzulesen.

Nun wäre es aber gewagt, von Dating-Apps auf das Bindungsverhalten insgesamt zu schließen. Ich kenne jedenfalls viele schwule und auch lesbische Paare, die genau das Gegenteil beweisen. Fraglich ist auch, ob Heteros die Partnersuche so viel einfacher fällt. Über die vermeintliche „Generation Beziehungsunfähig" sind schon ganze Bücher geschrieben worden – von heterosexuellen Autoren wohlgemerkt, die über heterosexuelle Partnerschaften schreiben.

Was bei schwulen Paaren vielleicht anders ist als bei heterosexuellen: Sie können sich besser auf offene Partnerschaften einigen. Treue wird dabei als emotionale und nicht so sehr als sexuelle Treue verstanden. Womöglich tun sich Männer damit leichter, weil es zu ihrem Selbstbild gehört, häufig sexuell aktiv zu sein. Gefallen muss das nicht jedem. Vielleicht ist eine offene Partnerschaft sogar genau der Punkt, an dem sich Ihre Freunde wiederum stören.

Um nicht missverstanden zu werden: Das bedeutet nicht, dass schwule Männer einfach nur triebgesteuert sind. Dieser Topos wird gerne von Homo-Feinden benutzt, um Schwulen prinzipiell die Ehefähigkeit und damit auch das Recht auf die Ehe abzusprechen.

Dabei kann keine Rede davon sein, dass schwule Partnerschaften – sind sie einmal eingegangen – dramatisch instabil sind. Zumindest gilt das für die Paare, die sich standesamtlich das Ja-Wort geben. Im Jahr 2015 lebten in Deutschland 106.000 Homosexuelle in einer eingetragenen Partnerschaft. Nur 1136 Partnerschaften wurden aufgehoben, wobei sich schwule Paare sogar seltener trennten als lesbische. Vergleiche mit Hetero-Ehepartnern sind schwierig, gibt es die eingetragene Lebenspartnerschaft doch erst seit 15 Jahren. Doch das Verhältnis der bestehenden zu den geschiedenen Ehen ist bei den Heteros nicht deutlich anders.

Wie dem auch sei: Dass die romantische Zweierbeziehung die einzig glücklich machende Lebensform ist, steht ohnehin nirgendwo geschrieben. Das Singleleben kann man auch genießen – egal ob Homo oder Hetero.

Tilmann Warnecke

Minderheiten, die sich streiten

Neulich las ich bei Facebook von heftigen Konflikten zwischen Lesben und Transmenschen in der Berliner LGBTI-Szene. Es ging auch um die Rapperin Sookee. Was ist denn da schon wieder los?

Amory, Charlottenburg

Ja, in der Tat gibt es gerade aufgeregte Debatten – und sogar gegenseitige Anfeindungen. Im Kern geht es darum, wer wen in der schönen Regenbogengemeinschaft der LGBTI (Lesben, Schwule, Bi, Trans und Intersexuelle) unterbuttert und ausgrenzt. Und darum, ob der aggressive Streit untereinander uns schwächt im Kampf gegen die zunehmenden Feindseligkeiten aus der Mehrheitsgesellschaft.

Der Reihe nach: Die queeren Magazine *Siegessäule* und *L-Mag* hatten vor einer Woche unter dem Motto

„Dyke Out" zu einer Podiumsdiskussion und zur Party in den Neuköllner Club *SchwuZ* eingeladen. „Böse Lesbe – gute Lesbe" lautete das Thema des Abends. Lesben, die äußerlich nicht den Mainstream-Normen von Weiblichkeit entsprechen, würden in den Medien unsichtbar gemacht oder als „Kampflesbe" geschmäht und in den eigenen Reihen als „Auslaufmodell" diffamiert, lautete die These. Das Podium sollte der Frage nachgehen, wie sich die verschiedenen Lesben solidarisieren können, um wieder mehr Einfluss zu gewinnen.

Durch die lange Schlange am Eingang vorm *SchwuZ* verbreitete sich dann schnell die Nachricht, dass die queerfeministische Rapperin Sookee ihre Teilnahme an dem Podium abgesagt hatte. Der Grund: Sie sah sich im Vorfeld auf Facebook hasserfüllter Kritik ausgesetzt: Sie stehe „Transweiblichkeiten aktiv feindselig und abwertend" gegenüber, hieß es. Dies lasse sich aus ihrem Lied *If I had a dick (Wenn ich einen Schwanz hätte)* ablesen. In dem Song kritisiert Sookee mackerhaftes Verhalten, was sie symbolisch am Penis festmacht. Manche meinten aber, damit stigmatisiere sie Transfrauen (also Menschen, die mit Penis geboren wurden, sich aber nicht als Mann, sondern als Frau identifizieren). Auf Facebook wogte über die Auslegung des Liedes eine Debatte in so verletzendem Ton, dass das *SchwuZ* die vielen Beleidigungen löschen musste.

Manche störte es auch, dass unter den Gästen auf dem Podium im *SchwuZ* keine Translesbe, keine Bi-Frau, keine Schwarze und keine Nicht-Akademikerin saß, wohl aber die bei manchen als flüchtlingsfeindlich geltende Kreuzberger Bezirksbürgermeisterin Monika Herrmann. Andere waren dankbar, dass die Veranstaltung überhaupt initiiert worden war.

Wer lässt wen in der Szene nicht zu Wort kommen, wer schreit wen nieder? Das *Schwule Museum** will die Debatte am Sonntagabend öffentlich fortsetzen. Hoffentlich kommt Sookee auch.

Anja Kühne

Das Leben davor
als großer Irrtum

> Wenn man erst im höheren Alter fest-
> stellt, dass man homosexuell ist, betrach-
> tet man seine erste, heterosexuelle
> Lebenshälfte dann im Rückblick als Irr-
> tum?
>
> *Melanie, Gesundbrunnen*

Ein Coming-out im Erwachsenenalter scheint viele Heteros sehr zu beschäftigen. Das sieht man schon daran, dass Homosexualität besonders vom Fernsehen anhand von Geschichten thematisiert wird, in denen sich ein Mensch – meist natürlich ein Mann – nach einer langen heterosexuellen Beziehung vom selben Geschlecht angezogen fühlt. Natürlich geht das oftmals nicht ohne Klamauk oder übertriebenes Drama ab.

Umso überraschender ist es vielleicht, dass es über das späte Coming-out, also wenn sich ein Mensch seiner Homo- oder Bisexualität bewusst wird, nachdem er lange in einer Hetero-Beziehung gelebt hat, keine systematische Forschungen im deutschsprachigen Raum gibt. Das hat zumindest der Lesben- und Schwulenverband im Jahr 2014 im Rahmen einer Studie festgestellt, in der vor allem Familien von sogenannten Spätgeouteten im Mittelpunkt standen.

So bleibt nur zu vermuten, wie Betroffene typischerweise nach ihrem Coming-out auf ihr Hetero-Leben blicken. Mit Sicherheit stimmt die Binsenweisheit, dass es hier, wie so oft, auf den Einzelfall ankommt. Liest man in Online-Foren über das Thema, dann ist dort besonders häufig von Versteckspiel, Zerrissenheit und Gefühlschaos die Rede, aber auch von Erleichterung, wenn es mit dem Offenbaren endlich geklappt hat.

Mit Sicherheit haben diese Menschen glückliche Zeiten erlebt, weshalb es vermessen wäre, ihr bisheriges Leben als Irrtum abzutun. Aber es war vermutlich nicht immer eine unbeschwerte Zeit, weil es Augenblicke der Selbstzweifel und Verdrängung gab. An die erinnert sich vermutlich jeder Homosexuelle während seines Coming-outs, eines Prozesses, der mal befördert, mal behindert wird von der eigenen Persönlichkeit und vor allem vom persönlichen Umfeld. Keiner beschließt ja von heute auf morgen: „Hey, ich bin dann mal schwul" (oder lesbisch, bi, trans), auch wenn es auf

Heteros manchmal so wirken mag. Für den vermeintlich überraschenden Schritt hat es in Wahrheit einen langen, mitunter gar überlangen Anlauf gebraucht.

Viele Homosexuelle haben ihr Coming-out während der Pubertät, ihr größtes Problem ist dann meist ein offen feindseliges Umfeld. Erwachsenen macht eventuell weniger halbstarkes Gepöbel zu schaffen. Doch die Welt, die für sie zusammenbricht, ist oft ungleich fester gefügt. Wer dann erlebt, dass Familie und Freunde sich abwenden, muss sich tatsächlich fragen, ob nicht doch vieles ein Irrtum war.

Björn Seeling

Die Security half mir nicht

Wie ist es, als queerer Flüchtling nach Deutschland zu kommen?

Dorothee, Wilmersdorf

Als ich das erste Mal in Berlin in einem schwulen Club ausging, war ich vor Überwältigung regelrecht geschockt. Ich komme aus Damaskus, dort gibt es einen winzigen, geheimen schwulen Club. Man trifft sich freitags, es kommen immer dieselben dreißig Leute. Hier, im *SchwuZ* in Neukölln, tanzten hunderte Männer, es war ausgelassen. Ich saß den ganzen Abend schüchtern in einer Ecke, meine Hände zitterten.

Das war vor gut einem Jahr, ich bin im vergangenen Herbst nach Berlin gekommen. In Syrien ist es sehr schwierig, schwul zu sein. Man wird so oft angefeindet, wenn man dafür gehalten wird. Im Nachtclub hat einmal die Armee eine Razzia gemacht, die haben jeden geschlagen, der in ihren Augen feminin aussah. Auf der Flucht, auf dem Weg in die Türkei, habe ich alles getan, um straight zu wirken: Ich habe weite Hosen getragen, meine Haare abrasiert, meinen Bart wachsen lassen, mein Tattoo verdeckt. Wenn der Daesh (IS) dich sieht und denkt, dass du schwul bist, töten sie dich.

Dass es für Homosexuelle in Deutschland einfacher ist, wusste ich vorher. Am Anfang war es dennoch nicht leicht. Zuerst habe ich in einer Turnhalle gewohnt. Die Stimmung war aggressiv, ich wurde wegen meines Schwulseins oft beleidigt. Die Security war keine Hilfe, ganz im Gegenteil: Einer von denen hat die Beleidigungen sogar angestachelt. Inzwischen lebe ich in einem Wohnheim. Dort habe ich ein Einzelzimmer – irgendwann bin ich zum Manager des Heimes gegangen und habe gesagt: Ich kann nicht mehr zusammen mit Hetero-Männern leben, vor allem nicht mit arabischen. Seitdem werde ich in Ruhe gelassen.

Meine schwulen Freunde in Berlin habe ich vor allem über Kennenlern-Apps gefunden. Schon der erste war wirklich nett: Er hat mich auf Partys eingeladen, er war auch derjenige, mit dem ich das *SchwuZ* besuchte. Zwei, drei Monate nach meiner Ankunft ist mir erstmals bewusst geworden, dass ich es hier wirklich genieße, schwul zu sein. Manchmal habe ich sogar das Gefühl, das schwule Leben wird mir fast zu viel. Ich gehe in viele Clubs, zu vielen Festivals: Von dem einen Extrem ins andere ist vielleicht doch nicht so einfach. Vielleicht fehlt mir einfach noch Stabilität.

In meinem Wohnheim werden immer wieder Magazine und Zeitungen verteilt. Wenn einer meinen Namen lesen würde, hätte ich Angst, dass sie den Artikel an meine Familie schicken und mich so outen würden. Deswegen will ich an dieser Stelle anonym bleiben.

Sollte ich aber irgendwann meine Familie wieder in Syrien besuchen, werde ich hoffentlich kein Problem mehr haben, es ihnen persönlich zu sagen. Ich habe gesehen, wie entspannt und selbstbewusst Männer in Deutschland mit ihrem Schwulsein umgehen – das hat mir viel Kraft und Mut gegeben.

Aufgezeichnet von Tilmann Warnecke

Bar jeder Bar

> Neulich hatte ich in Berlin Besuch von einer lesbischen Freundin vom Land. Sie freute sich auf einen Abend in einer Lesbenbar, fand aber im Internet keine. Hat sie falsch gesucht?
>
> *Martina, Mitte*

Wer nach Berlin kommt, erwartet eine Menge. Eine lesbische Touristin stellt sich Berlin also als lesbischen Hotspot vor: Der Abend beginnt in dieser Fantasie im Restaurant *Lesbos*, wo am Nebentisch Anne Will und Miriam Meckel speisen. Danach zur Party ins riesige *For Her*, wo im Halbdunkel Ellen Page mit Kristen Stewart knutscht. Zum Chillaxen ins *Papa Lesbo*, am Tresen diskutiert Judith Butler mit Carolin Emcke und Antje Rávic Strubel. Kommt das lesbische Landei dann nach Hause, hat es was zu erzählen.

Leider sind alle diese Orte ausgedacht. Seit die *Serene-Bar* in Kreuzberg im Januar dicht gemacht hat, gibt es in Berlin tatsächlich keine einzige Lesbenbar mehr. Das war mal anders: Noch vor zehn, zwanzig Jahren gab es gleich mehrere: das *Lipstick* in Charlottenburg, *Die Zwei* in Spandau, das berüchtigte *Pour Elle* in Schöneberg oder das *Freizeitheim* in Prenzlauer Berg. Sogar ein lesbisches Restaurant gab es, das *Dinelo* in Schöneberg.

Ein möglicher Grund für den Schwund: Frauen verdienen weniger als Männer, deshalb können Lesben weniger Geld in der Gastronomie lassen als Schwule. So blüht die schwule Szene, die lesbische ist prekär. Die *Serene-Bar* existierte trotzdem über zehn Jahre lang. Und es gäbe sie noch heute, wäre sie nicht weggentrifiziert worden. Wegen der steigenden Mieten wird es für Gastronominnen riskanter, eine Lesbenbar zu eröffnen.

Bleiben Lesben nun aber abends lieber auf dem Sofa und gucken sich die Fotos vom letzten Hiddensee-Urlaub an? Das wäre neu. Vielleicht legen jüngere unter ihnen aber einfach nicht mehr so viel Wert auf Partys an lesbischen Orten, weil sie sich inzwischen stärker gesellschaftlich akzeptiert fühlen oder weil sie sich allgemein als „queer" identifizieren und darum lieber in queere Clubs wie das *Silverfuture* in Neukölln gehen.

Selbst wenn Berlin keine Lesbenbars mehr hat, gibt es hier viele Partys für Lesben. Hunderte tanzen einmal im Monat im *SchwuZ* bei der „L-Tunes"-Party. Im *Möbel Olfe* am Kotti ist immer dienstags „Mädchen-disko – ein Abend für Lesben, Frauen und Trans*", in der Bar *Rakete* in der Schönhauser Allee ist freitags „Lesbenbar", im *Sonntagsclub* der „Frauenfreitag". Auch in der *Begine* in Schöneberg gibt es regelmäßig Partys für Lesben und andere Frauen.

Die Berliner Lesbenszene ist also immer noch bes-ser als die in Neukirchen. Eine Lesbenbar würde der Hauptstadt aber gut zu Gesicht stehen.

Anja Kühne

Die Pubertät der Goldsterne

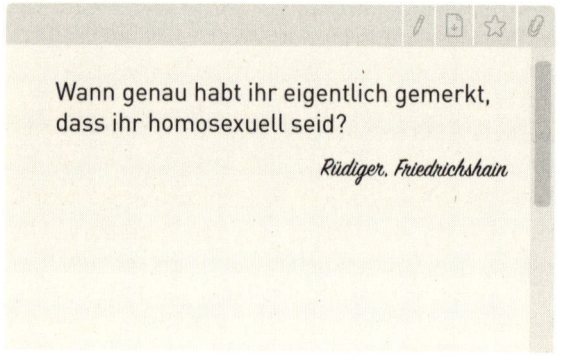

Wann genau habt ihr eigentlich gemerkt, dass ihr homosexuell seid?

Rüdiger, Friedrichshain

Das ist sehr unterschiedlich. Es gibt Schwule, die behaupten, sie hätten schon als Vier- oder Fünfjährige gewusst, dass sie auf Männer stehen. Wobei hier – so zumindest meine persönliche Einschätzung – sicher in späteren Jahren das eine oder andere tendenziös interpretiert oder überbetont wird. Ich kenne das von mir selbst: Die eigene Identität soll schließlich plausibel sein, die Vergangenheit eine stringente Erzählung. So habe auch ich mir mein Martina- Navratilova-Fantum der achtziger Jahre retrospektiv gern als versteckten Hinweis auf mein späteres Lesbischsein erklärt. Dass die Begeisterung zunächst sportliche Gründe hatte – Navratilova spielte viel attraktiver als die Grundlinien-Langweilerin Steffi Graf – stellte ich bei dieser Erklärung hintenan.

Richtig kapiert habe ich meine bevorzugte Begehrensrichtung erst, als ich mich mit 21 Jahren in eine Kommilitonin verliebte und sie sich in mich. Die meisten Lesben und Schwulen bemerken schon in der Pubertät, dass sie mehr auf Menschen des eigenen als auf solche des anderen Geschlechts stehen. Oft folgt eine Phase der Verwirrung und des inneren Ringens, denn häufig wird diese Erkenntnis als belastend empfunden und mitunter erst mal verleugnet. Verständlich: Auf Schulhöfen sind „Schwule Sau" und „Schwuchtel" noch immer Top-Schimpfwörter, auch Lesben werden dort nicht eben gefeiert. Eine positive Reaktion von Eltern und Freund*innen können junge Homosexuelle ebenfalls nicht voraussetzen.

Deshalb ist der Prozess des inneren Coming-outs, also das Eingeständnis der Homosexualität vor sich selbst, schwierig, was sich zudem darin zeigt, dass Selbstmordversuche und Selbstmorde bei homosexuellen Teenagern weit öfter vorkommen als bei heterosexuellen. Das soll nicht heißen, dass junge Homosexuelle grundsätzlich eine traumatische Pubertät erleben. Doch für viele kommt in einer ohnehin von Unsicherheit und Umbrüchen geprägten Zeit eine zusätzliche Herausforderung hinzu. Darüber hinaus ist die Pubertät oft auch eine Zeit der Experimente, bei denen die Grenzen verwischen. So probieren etwa später heterosexuell lebende Menschen Sex mit gleichgeschlechtlichen Partner*innen aus. Umgekehrt haben viele Schwule und Lesben in dieser Zeit heterosexuelle Erfahrungen.

Alle, die auch damals im Bett nie vom queeren Pfad abgewichen sind, nennen wir übrigens scherzhaft „Gold Stars". Das soll die, die ihre Homo-Seite erst später entdeckt haben (siehe „Queer weiß das", Folge 29), aber nicht abwerten. Denn letztlich sind wir ja alle Stars und Sternchen unterm Regenbogen.

Nadine Lange

Heten knacken

Es gibt ja den Ausdruck Party-Schwule für Männer, die in gehobener Stimmung gleichgeschlechtlich zärtlich werden. Von Frauen, die auf Partys miteinander rummachen, mal ganz zu schweigen. Gibt's das auch bei euch? Party-Heterosexualität?

Stephan, Kreuzberg

Wieder was dazugelernt! Den Begriff „Party-Raucher" kannte ich, den des „Party-Schwulen" dagegen noch nicht. Wir nennen es ja „Heten knacken", wenn eine oder einer von uns es schafft, mit einer sich ansonsten gegengeschlechtlich definierenden Person etwas intimer zu werden. Es soll Schwule und Lesben geben, für die das einen ganz besonderen Kick darstellt und die sich damit brüsten, wahre Meister*innen in dieser Disziplin zu sein.

Inwieweit das nun wirklich so häufig passiert, sei dahingestellt. Um zur Frage der Party-Heterosexualität zurückzukommen: Wie immer, wenn es um Zärtlichkeiten geht, sind die Vorlieben verschieden. Manch schwuler Mann wird es für undenkbar halten, mit Frauen zu knutschen. Andere haben damit kein Problem und genießen es – genauso wie halt manche Hetero-Männer und -Frauen flexibler sind als andere. Vielleicht hängt es auch damit zusammen, was ein Kuss oder Sex überhaupt für jemanden bedeutet. Für manche ist es ein sehr intimer, exklusiver Akt, für andere, nun ja, eher nicht. Richtig und falsch gibt es da nicht. Jede*r wird für sich am besten wissen, wie man es damit hält.

Was mir bei Ihrer Frage auffällt: Sie scheinen davon auszugehen, dass „Hetero" und „Homo" sehr feste Kategorien sind, aus denen man höchstens kurz ausbricht, um auf einer Party in nicht ganz nüchternem Zustand „rumzumachen". Was darüber hinausgeht, könnte also gefährlich werden?

Dass Kategorien und Identitäten hier prinzipiell eindeutig sein sollten – darauf können sich wahrscheinlich viele Homos und Heteros sogar einigen. Leidtragende dieses Wunsches nach Eindeutigkeit sind Bisexuelle. Ihnen wird nicht selten unterstellt, sie seien verwirrt und sich ihrer sexuellen Identität nicht sicher. Dass solche Unterstellungen diskriminierend sind, wollen auch viele Homosexuelle nicht wahrhaben. Sie grenzen Bisexuelle oft genug ebenfalls aus. So gibt es Lesben und Schwule, die denken, dass Bisexuelle in Wahrheit in ihrem Team spielen, aber nicht mutig genug für ein Coming-out sind. Oder dass sie ungern auf ihre heterosexuellen Privilegien verzichten.

Für das „B" in „LGBTI" fehlt es mitunter also an Solidarität. Homos sollten sich hier an die eigene Nase fassen und die Akzeptanz, die sie zu Recht für sich selber einfordern, auch gegenüber Bisexuellen zeigen.

Tilmann Warnecke

Am Rand des Randes

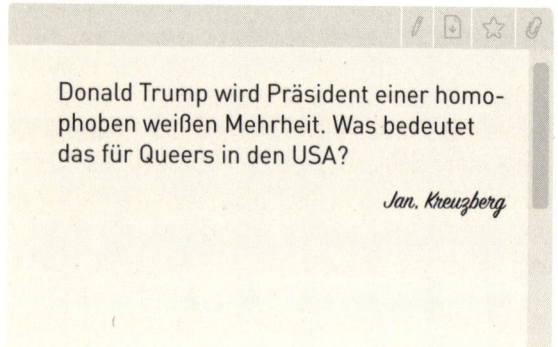

Donald Trump wird Präsident einer homophoben weißen Mehrheit. Was bedeutet das für Queers in den USA?

Jan, Kreuzberg

Gerade für nichtweiße Angehörige der LGBTI-Community bricht eine schwierige Zeit an. Trump hat gewonnen, weil er Gefühlen eine Stimme gab, die tiefverwurzelt in unserer Bildung, Politik, Medienlandschaft, Wissenschaft, Geschichte, Religion und Popkultur sind – Gefühlen, die unsere Gesellschaft unterdrückt hat, ohne wirklich nach einer Erklärung oder gar Linderung für sie zu suchen.

Nach dem Wahlsieg sorgte ich mich zunächst um meine Familie, die nun noch gefährdeter ist als sonst.

Könnte sich meine Schwester, eine Polizistin, auf der falschen Seite eines Rassenkonflikts wiederfinden? Könnte meine Mutter, die in einem überwiegend von Weißen bewohnten Stadtviertel lebt, rassistisch angegriffen werden? Als Schwarzer in Amerika zu leben, ist mit einem Erbe verbunden, das ich „Afroamerikanische Angst" nennen würde. Diese Furcht, die mit dem Beginn der weißen Kolonialisierung entstand, wurde von Generation zu Generation, von Sklaven zu Befreiten weitergegeben.

Viele Kommentatoren argumentieren, dass Trumps Popularität weniger ein Rassen- als ein Klassenphänomen ist. Aber Rasse und Klasse überschneiden sich, genau wie sich Rasse und Sexualität überschneiden. Wenn Trump ankündigt, keine Muslime mehr in die USA zu lassen, trieft seine Argumentation vor Fremdenfeindlichkeit und Islamophobie. Man muss kein Soziologe sein, um das zu verstehen. Aber man muss sich vor Augen halten, was Grada Kilomba in seinem Aufsatz *Weiß ist keine Farbe* schrieb: „Wir müssen begreifen, dass wir dazu erzogen werden, in kolonialen und rassistischen Strukturen zu denken."

Überall verkünden nun Trumps Gegner: „Das ist nicht mein Amerika!" Mein Problem: Auch ich gehöre nicht zum Amerika derer, die da schreiben. Ich kann mich nicht auf ihren Schutz, ihre Solidarität verlassen. Die Mainstream-Medien der LGBTI-Community werden in der Regel von schwulen weißen Männern für andere schwule weiße Männer gemacht. Menschen wie ich werden oft gedankenlos ausgeblendet. Auch in der Queer-Kultur haben wir Nichtweiße dieses Problem: Unsere Leben zählen nicht.

Die Trump-Präsidentschaft wird diese Umstände nicht verbessern, und wie so oft werden wir nicht auf die Unterstützung der Mainstream-LGBTI-Institutionen zählen können. Für nichtweiße LGBTI-Menschen ist die Wahrscheinlichkeit größer, in Armut zu leben, Gewalt ausgesetzt zu sein, krank zu werden. Schwul ist das neue Schwarz, hieß es einmal. Aber viel hat die landläufige Gay-Kultur nicht getan, um die Rechte nichtweißer Community-Mitglieder zu vertreten. Trumps Präsidentschaft wird uns noch weiter an die Ränder der US-Mainstream-Gesellschaft drücken.

Isaiah Lopaz
(auch als „Lavender Wolf" bekannt)
ist Künstler. Er stammt aus
Los Angeles und lebt in Berlin.

Die Angst betäuben

Als der Grünen-Politiker Volker Beck mit Drogen erwischt wurde, wahrscheinlich Crystal Meth, stellten einige Medien eine Verbindung zwischen Drogenkonsum und Homosexualität her. Berechtigt?

Johannes, Neukölln

Was Crystal Meth angeht, müssten Südbrandenburg, Sachsen und Bayern eigentlich Hochburgen schwulen Lebens sein – wenn nur Homosexuelle die Droge nähmen. Denn in Deutsch-Südost ist „Tina", wie das Methamphetamin auch genannt wird, mit am weitesten verbreitet. Die Substanz kommt oft aus tschechischen Drogenlaboren, für die grenznahen Regionen ein Problem. Von Bayern aus sollen straff organisierte Banden nicht nur Deutschland, sondern auch andere EU-Staaten beliefern.

Tatsache ist allerdings, dass Crystal Meth unter Homosexuellen immer beliebter wird. Die Berliner Schwulenberatung merkt es nach Angaben des Suchttherapeuten Andreas von Hillner daran, dass in den letzten Jahren die Zahl der Männer stark angestiegen ist, die wegen der Droge Hilfe suchen. Anders als es die Grusel-Fotoserie *Faces of Meth* weismachen will, die den körperlichen Verfall bei Abhängigen dokumentieren soll, ist den Betroffenen ihre Abhängigkeit nicht sofort an der Nasenspitze anzusehen.

Mit Sorge betrachten von Hillner und andere Experten den Trend, sich zu Sex-Partys zu verabreden, mit Crystal Meth als ultimativem Kick. Bei den sogenannten Chem-Sessions ist die Gefahr besonders groß, sich in der enthemmten Atmosphäre mit sexuell übertragbaren Erkrankungen wie Hepatitis, Syphilis, Gonorrhö oder gar HIV anzustecken.

Konkrete Zahlen, inwieweit Abhängigkeit von Drogen, also nicht nur von Crystal Meth, unter Homosexuellen verbreitet ist, gibt es nicht. Die Berliner Polizei reagiert beinahe empört auf die Bitte um konkrete Zahlen – zu Recht: „Ob jemand homosexuell ist, der gegen das Betäubungsmittelgesetz verstoßen hat, wird nicht erfasst", sagt eine Sprecherin. „Das ist diskriminierend." So bleibt nur der Verweis auf eine nicht repräsentative Umfrage in Großbritannien. Ein Drittel der 4000 Teilnehmer gab 2012 an, innerhalb des letzten Monats vor der Studie illegale Drogen genommen zu haben.

Möglicherweise sehen Homos wirklich eher als Heteros in Drogen eine Lösung für seelische Probleme. Es könne damit zu tun haben, dass Schwule im Coming-out eine Entwicklungsaufgabe zu bewältigen haben, die sich Heteros nicht stelle, formuliert Suchttherapeut Andreas von Hillner. Mancher greife deshalb zu Drogen und Alkohol, um Emotionen zu betäuben oder das Selbstwertgefühl zu stärken. Doch diese Eigenmedikation helfe nur kurzfristig.

Björn Seeling

Wo die Liebe hinfällt

> Menschen wählen ja nicht, in wen sie sich verlieben. Jetzt frage ich mich, wie das bei Lesben und Schwulen ist, die vielleicht nicht immer gleich wissen, ob der/die Angebetete ebenfalls homosexuell ist. Verliebt ihr euch manchmal auch in Heteros?
>
> *Sabine, Kreuzberg*

Das kommt vor. Genau wie es andersherum auch passiert, dass sich – wenn auch seltener – Heteras in Schwule verknallen und Hetero-Männer in Lesben. Und so kennen viele von uns das Gefühl, mehr von jemandem zu wollen, der oder die heterosexuell ist. Der Klassiker in der Teenagerzeit: Du bist verliebt in die beste Freundin oder den besten Freund und leidest, weil deine Gefühle unerwidert bleiben. Daraus folgen oft Enttäuschung, Verletzung und Verwirrung

– auf beiden Seiten. In vielen Fällen ist gar die Freundschaft gefährdet.

Deshalb heißt es im ungeschriebenen Ratgeber für junge (und alte) Homos: Macht euch nicht unglücklich mit der Jagd nach Heteros, schaut lieber in der eigenen Szene! Die ist schließlich, gerade in Berlin, gar nicht so klein – es gibt Clubs, Vereine, Dating-Apps. Nicht in eine aussichtslose Richtung zu flirten, zu werben und zu lieben, bietet dabei mehr als nur Selbstschutz. Es hat auch mit Respekt vor den Heterosexuellen zu tun. Auch wir wollen schließlich nicht hören, dass da nur der/die Richtige kommen muss, und dann wird das schon. Weder Homo- noch Heterosexualität sind Phasen, die vorübergehen. Das sollten alle akzeptieren.

An dieser Argumentation gibt es allerdings einen Haken: Sie blendet die schillernde Welt des Dazwischen aus. Nicht alle Menschen sind sich ihrer Orientierung so hundertprozentig sicher, wie es nach außen scheint – oder wie sie selber glauben. Manchen fällt erst in der Gegenwart einer ganz bestimmten Person auf, dass sie auch anders lieben konnten, als sie immer dachten. Da viele Homos (und Bisexuelle) selber mal als Heteros angefangen haben, ist ihnen dieses Gefühl vertraut. Manche ziehen daraus den Schluss: Wenn ich mich für die gleichgeschlechtliche Liebe geöffnet habe, kannst du das doch auch. Es gibt schöne Filme wie *When Night is falling* oder *Imagine You & Me*, die mit genau dieser Unbestimmtheit spielen. In beiden Fällen werden sicher geglaubte Grenzen verschoben, als sich heterosexuell verheiratete Frauen in Lesben verlieben – und diese sich in die vermeintlichen Heteras.

Das kann auch im echten Leben mal so laufen. Dass aber in allen Heterosexuellen Homo- oder Bisexuelle schlummern, die nur wachgeküsst werden müssen, ist sicher ein Irrglaube. Ich jedenfalls halte solche Fälle für Ausnahmen – und bin sehr dafür, die Liebe als Homo lieber bei Homos zu suchen.

Nadine Lange

Unsolidarische Homo-Promis

Die US-Komikerin Ellen DeGeneres ist neulich von Präsident Barack Obama für ihr homopolitisches Engagement mit der Medal of Freedom geehrt worden. Erwarten Schwule und Lesben eigentlich, dass prominente Homosexuelle sich besonders stark für ihre Belange engagieren?

Eva, Wilmersdorf

Niemand kann zu politischem Engagement verpflichtet werden. Schließlich müssen auch schwule und lesbische Promis mit gesellschaftlichen Sanktionen rechnen, wenn sie sich homopolitisch betätigen. Derart aktive Schauspieler*innen könnten keine Rollenangebote mehr bekommen. Homosexuellen Politiker*innen kann leicht Klientelpolitik in persönlicher Mission vorgeworfen werden. Auch finden engagierte Promis in ihrem Maileingang weit mehr Anfeindungen als solche, die sich unauffällig verhalten. Wie mutig bin ich? Wie viel Energie habe ich? Das muss am Ende jede*r für sich entscheiden.

Allerdings sind auch schwule und lesbische Nicht-Promis verletzbar, und auch sie verfügen nicht über endlose Kraftressourcen. Homo-Promis können ihnen mit kleinen Gesten eine große Hilfe sein. Darum wäre es schon sehr gut, wenn sie sich an der politischen Arbeit beteiligen – jede*r ein bisschen und so wie es ihm*ihr liegt. Zum Beispiel ist Ex-Nationalspieler Thomas Hitzlsperger Botschafter der Initiative *Fußball für Vielfalt*, er unterstützt die schwul-lesbische Fußball-EM als Ehrengast und äußert sich regelmäßig zur Homophobie im Fußball. Auch Berlins früherer Regierender Bürgermeister Klaus Wowereit hat nach seinem Coming-out nicht einfach geschwiegen, sondern immer wieder Stellung bezogen. Und die Journalistin Carolin Emcke hat ihre Rede beim Friedenspreis dazu genutzt, die Rechte der Minderheiten, auch der Homosexuellen, vor großem Publikum anzusprechen.

Es gibt jedoch auch homosexuelle Promis, die schon kleine homopolitische Taten meiden. So lehnte eine bekannte offen lesbische TV-Journalistin (nicht Anne Will) unsere Einladung zu einem Gastbeitrag im Tagesspiegel ab. Sie strebe in den Medien „keine Homopositionierung" an, erklärte ihr Management. Auch die offen lesbische Umweltministerin Barbara Hendricks (SPD) ließ uns durch ihre Pressestelle wissen: „Frau Hendricks äußert sich nicht zum

Thema Homosexualität." Diese prominenten Homos finden es offenbar imageschädigend, sich öffentlich für Homorechte einzusetzen. Letztlich rücken sie Homosexualität damit aber in die Schmuddelecke und düpieren andere, die den Kampf für gleiche Rechte auch zu ihrem Nutzen führen und geführt haben. Solche Promis sollten mehr Solidarität zeigen.

Anja Kühne

Sie gehört zu uns

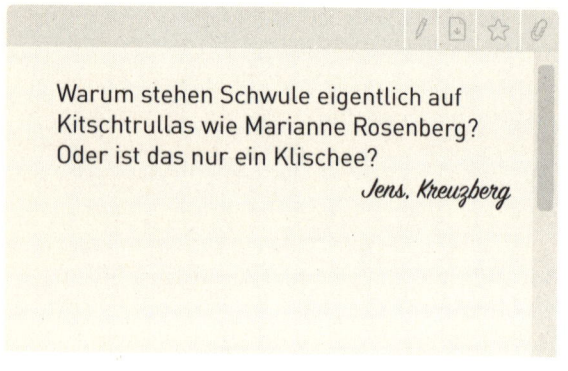

Warum stehen Schwule eigentlich auf
Kitschtrullas wie Marianne Rosenberg?
Oder ist das nur ein Klischee?

Jens, Kreuzberg

Heteros mag es ebenso überraschen wie die Tatsache,
dass nicht alle Schwulen Frisör werden wollen: Aber
Homos sind, was den Musikgeschmack angeht, eine
durchaus heterogene Gruppe. Unter ihnen gibt es
welche, denen „Kitschtrullas" wie zum Beispiel auch
Barbra Streisand und Liza Minnelli Brechreiz verursa-
chen. Umgekehrt soll es, hört man, auch ein bis zwei
Nicht-Homos geben, die bei *Er gehört zu mir* vollkommen ekstatisch werden.

Aber zugegeben: Es ist was dran, dass Schwule zu den größten Fans von Künstlerinnen wie Marianne Rosenberg gehören. Das liegt natürlich erst einmal an der Musik. Rosenbergs Songs sind auch 40 Jahre nach ihrer Entstehung noch 1a tanzbarer Discopop. Da sich queeres Leben häufig auf Partys oder in Clubs abspielt, passt das schon mal. Dazu kommen doppeldeutige Texte, die scheinbar nicht nur die Liebe zwischen Mann und Frau beschwören: „Du spürst sofort, ohne ein Wort, aha, was ich dir heute sagen will", heißt es in *Lieder der Nacht.* Oder Songs bekommen durch Umdeutungen einen neuen Sinn. So wurde *I will survive* von Gloria Gaynor zur Überlebenshymne in der Aids-Krise, obwohl es darin um das Ende einer Beziehung geht.

Das ist aber noch nicht alles: Schwule stehen – Heteros dürfen sich jetzt nochmal wundern – auf Frauen mit Sex-Appeal. Einen Tick übertrieben darf die Inszenierung wirken, aber nur nicht billig. Deshalb reicht die Verehrung von Adele, Madonna, Cher und Kylie Minogue bis zur Hollywood-Sauberfrau Doris Day, wobei deren Filme vor allem wegen des Sixties-Flitters geliebt werden. Kitsch fordert Schwule zum Ironisieren heraus, was bei nicht wenigen zur Lebenseinstellung gehört. Lady Gaga, eine weitere Ikone, ist wiederum eine Meisterin darin, Grenzen zu überschreiten – wozu Homosexuelle in der heterodominierten Welt fast jeden Tag gezwungen sind. Und Marilyn Monroe wird auch deshalb besonders verehrt, weil sie ihr Leben lang um Anerkennung kämpfen musste, seelische Probleme hatte und ein tragisches Ende fand.

Doch ob gebrochen oder glamourös: Was zählt, ist auch die persönliche Haltung. Marianne Rosenberg sagt – anders als viele andere im deutschen Musikgeschäft – ihre Meinung zu politischen Themen. Sie ähnelt darin ihren US-Kolleginnen Madonna oder Barbra Streisand, die sich im Wahlkampf gegen Trump engagierten. Die meisten der Verehrten haben zudem viel für Homosexuelle getan. Und das lange, bevor es schick wurde, zur Aids-Gala zu gehen.

Björn Seeling

Sag mal, bist du ...?

> Darf man eigentlich jemanden fragen, ob sie oder er lesbisch oder schwul ist? Oder ist das taktlos?
>
> *Antje. Wilmersdorf*

Die Frage erinnert mich an ein Gespräch mit einer Bekannten. Sie erzählte, dass sie mit einer Freundin zusammenzieht, „meine Freundin", wie sie sagte. Ich hielt das für einen guten Moment, um nachzuhaken, ob mit der Freundin tatsächlich ihre Lebenspartnerin gemeint ist. Sie reagierte verstört, nachgerade geschockt: Wie ich darauf komme, dass sie lesbisch sei?!

Hätte ich besser nicht gefragt? Sicher sollte man nicht Wildfremde löchern, wie ihre sexuelle Orientierung ist. Grundsätzlich fährt man ja auch immer gut mit der Strategie, anderen nur die Fragen zu stellen, die man selber beantworten würde.

Kennt man sich aber besser, ist die Frage überhaupt nicht taktlos. So wenig wie Homosexualität heutzutage ein Tabu ist, genauso wenig sollte es ein Tabu sein, sich danach zu erkundigen. Das Problem lag in dem Fall an der Einstellung meiner Bekannten. Hätte sie entsetzt reagiert, wenn ich mich nach ihrem Freund erkundigt hätte? Wohl kaum. Sie signalisierte vielmehr, dass es sie stört, für lesbisch gehalten zu werden. Hetero-Männer scheinen ähnliche Ängste umzutreiben, wenn man Onlineforen trauen darf, in denen die Frage des Fragens diskutiert wird. „Total peinlich, der Gefragte könnte denken, er sei tuntig", ist etwa zu lesen. Mit der Akzeptanz von Homosexualität ist es da nicht weit her.

Und wie ist es nun bei uns Homos? Wir müssen immer wieder überlegen, wann und wie wir unser Lesbisch- oder Schwulsein erwähnen, wenn wir etwa den Job wechseln oder neue Freunde kennenlernen. Insofern gibt es immer wieder Coming-out-Situationen. Dafür legt man sich im Laufe der Zeit Gesprächsstrategien zurecht, weiß, wie viel man von sich preisgeben will. Also dürften Lesben und Schwule auf diese Frage in der Regel vorbereitet sein. Einige sind offen, andere weniger. Weicht jemand aus, sollte man das selbstverständlich respektieren.

Meiner Erfahrung nach wird man allerdings selten direkt auf die sexuelle Orientierung angesprochen.

Viel einfacher ist es ohnehin, wenn man in Gesprächen die Gelegenheit bekommt, das Thema selber anzuschneiden. Das ist umso leichter, wenn andere nicht automatisch davon ausgehen, dass in einer Runde alle heterosexuell sind. Wer etwa lesbische und schwule Freund*innen erwähnt, signalisiert seine Akzeptanz gegenüber unterschiedlichen Identitäten.

Ach ja, falls Sie selber mal gefragt werden, ob Sie homosexuell sind: „Nein, aber ich freue mich, dass du mich für offen hältst." Das wäre eine souveräne, charmante Antwort.

Tilmann Warnecke

Rinderbraten und Spaß dabei

Weihnachten ist in der öffentlichen Wahrnehmung das Fest der klassischen Vater-Mutter-Kind-Familie. Wie feiern eigentlich queere Menschen?

Hannes, Neukölln

Ein befreundeter Journalist aus New York beschrieb einmal in einem Artikel, dass er am Heiligen Abend in eine Sexbar geht, wo er sich in eine Badewanne legt und wartet, wer ihm seinen Urin schenkt. Viele Schwule reagierten entsetzt, weil sie um ihr Image fürchteten. In meinem Film *Nicht der Homosexuelle ist pervers, sondern die Situation, in der er lebt* sage ich, „dass viele Schwule so spießig leben wollen wie der Durchschnittsbürger". Aber als Schwuler bist du immer ein

Außenseiter. Also, warum nicht die schwule Sau auch zu Weihnachten rauslassen, wenn es Spaß macht?

Damit gleich zur nächsten Frage: Haben Schwule mehr Spaß, wenn sie unter sich feiern? Ich glaube ja, denn sie sind per se revolutionär, und viele Heteros beneiden uns, weil wir uns Freiheiten nehmen, die familiäre Traditionen verbieten. Wir lieben es, alte, kitschige Filme anzuschauen, weil wir uns mit den Frauenrollen identifizieren und gleichzeitig darüber lachen können. Genauso können wir schreckliche Lieder gut finden und nackt mit Glitzer besprüht um den Weihnachtsbaum tanzen. Es gibt aber natürlich auch die, die aus Pflichtgefühl nach Hause fahren. Die meisten langweilen sich dort in der Provinz. In vielen Familien ist Homosexualität tabu, selbst wenn der Freund seit Jahren in der Familie eingeführt ist. Man spricht einfach nicht darüber.

Ich persönlich liebe Weihnachten, obwohl ich den Grund dafür für Blödsinn halte – aber ich liebe nun mal Blödsinn. Zum Fest stelle ich einen großen Tisch in mein Wohnzimmer, lasse ein Buffet kommen, meistens Rinderbraten – auf den besteht mein Ex Mike, mit dem ich seit 40 Jahren zusammen arbeite. Mein Geliebter Olli, mit dem ich seit zehn Jahren zusammen lebe, ist damit einverstanden. Er kommt meistens später, denn er arbeitet in der Schwulenberatung mit Senioren, für die er eine Feier vorbereitet. Ich stelle einen künstlichen Tannenbaum auf, silber oder rot, schreibe eine Weihnachtsgeschichte und für jeden Gast ein Gedicht. Die Tage davor kaufe ich in Billiggeschäften einen Sack voll Kitsch, den ich nach dem Essen verteile. Ich erwarte zwölf gute Freunde zum Essen, darunter in diesem Jahr die Regisseurin Elfi Mikesch mit ihrer Frau Lilly Grote. Im letzten Jahr kam die türkische Schriftstellerin Emine Sevgi Özdamar, die eine ihrer großartigen Geschichten vorlas.

Vielleicht sollten wir dieses Jahr zu Weihnachten auch ganz konkret Pläne schmieden, wie man den Nazis Paroli bieten kann. Wir haben viel erreicht, aber die Wahlen in Europa und den USA zeigen, wie brüchig unsere Freiheiten sind. Schweigen gleich Tod: So hieß es in der Aids-Bewegung. Laut sein und gegen die Rechten anschreien – das sollte uns ins neue Jahr begleiten, denn wer sollte unsere hart erkämpften Freiheiten verteidigen, wenn nicht wir selbst?

Rosa von Praunheim,
Regisseur und Autor

Haltung gegen Hass

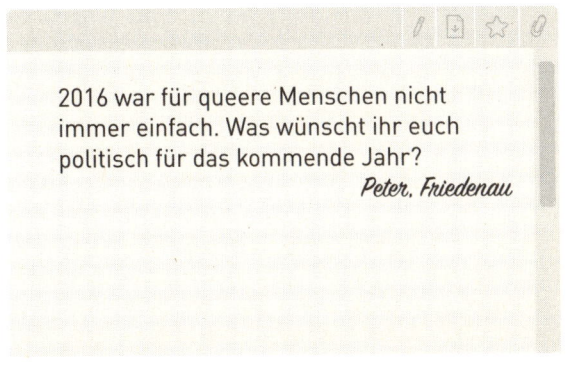

2016 war für queere Menschen nicht immer einfach. Was wünscht ihr euch politisch für das kommende Jahr?

Peter, Friedenau

Es lässt sich nicht mehr einfach etwas wünschen, wie noch vor einigen Jahren, wo es zum Beispiel um mehr Anerkennung, Gleichstellung, Homo-Ehe und Regenbogenfamilien ging. Wir finden uns inzwischen in einer Welt wieder, in der wir für eine zunehmende Anzahl von Menschen zum Hassobjekt geworden sind – europaweit. Queere Menschen werden massiv bedroht, es wird gegen sie gehetzt und Stimmung gemacht.

Heterosexuelle und homosexuelle Frauen, die keine Kinder haben, werden als „Unfruchtbare" diffamiert, ihnen wird das Frausein abgesprochen. Frauen sollen Kinder kriegen müssen, die heterosexuelle Ehe und Partnerschaft wird zur absoluten Norm erhoben. HIV-Infizierte sollen in Lager gesperrt werden. In Landtagen werden Anfragen gestellt, wie viele Homosexuelle im Land leben bzw. in welchen Stadtvierteln besonders viele von uns wohnen. Andere wollen uns per se ins Gefängnis sperren lassen. Morddrohungen im Netz sind inzwischen Alltag geworden, gewalttätige Übergriffe sind keine Seltenheit mehr. Es ist, als wäre die Büchse der Pandora geöffnet. Das „man-wird-doch-nochmal-sagen-dürfen" hat sich verselbstständigt. Blanker Hass und völlig ungesteuerte Emotionen werden uns entgegengeschleudert, das Menschsein abgesprochen. Es ist wie ein Déjà-vu längst vergangen geglaubter Zeiten – was nicht heißt, dass es zwischendurch jemals eine diskriminierungsfreie Zeit gegeben hätte.

Trotzdem ist zu sagen: Wir haben in den letzten Jahren viel erreicht, was Gleichberechtigung und gleichwertige Teilhabe in dieser Gesellschaft betrifft. Natürlich gab es immer Menschen, die Homosexualität ablehnten. Neu ist, dass die Ablehnung und der Hass auch aus der etablierten sogenannten Mitte der Bürgerschaft laut und selbstgefällig formuliert werden.

Was also sollen wir uns angesichts dessen wünschen?

Ich wünsche mir gesellschaftliche Akzeptanz. Ich wünsche mir Solidarität. Ich wünsche mir eine Politik, die uns eindeutig, verbindlich und ohne zu zaudern unterstützt und anerkennt. Ich wünsche mir politisch Verantwortliche, die die beschriebene Diskriminierung, Verfolgung und Ausgrenzung sehen, die verstehen, was sie bedeutet, die sie bekämpfen, laut gegen sie Position beziehen und es sich zu eigen machen, alles dafür zu tun, dass dem endlich Einhalt geboten wird. Ich will keine Politiker, die meinen, Homophobie müsse man doch verstehen, und das ewige PC-Sein des linken Bürgertums sei völlig übertrieben. Jegliche Art der Relativierung verschärft die Hetze gegen und Bedrohung von queeren Menschen. Aufstehen und dagegen Position beziehen, Haltung für eine freie und offene Gesellschaft zeigen – das ist die Politik, die wir 2017 bitter nötig haben.

Monika Herrmann,
die grüne Bezirksbürgermeisterin
von Friedrichshain-Kreuzberg

Unaufgeregte Geschäfte

Justizsenator Dirk Behrendt lässt als erste Amtshandlung die Einrichtung von „Toiletten aller Geschlechter" in öffentlichen Gebäuden prüfen. Hat Berlin denn etwa keine wichtigeren Probleme?

Brigitte, Mitte

Wichtigere Probleme lassen sich natürlich immer finden. Und auch queere Menschen freuen sich nicht über Dauerbaustellen und marode Schulen. Doch ein relativ kleines Projekt wie die Toiletten für alle Geschlechter zu realisieren, bedeutet ja nicht, dass der Senat seine sonstigen Aktivitäten einstellt. Wenn der Justizsenator in naher Zukunft kein anderes Koalitionsvorhaben – etwa eine bessere Personalausstattung der Gerichte und Vollzugsanstalten – angeht, kann er zu Recht kritisiert werden.

Es ist jedoch eine Übertreibung, ihm schon jetzt aufgrund einer Machbarkeitsstudie falsche Prioritätensetzung und sektiererische Klientelpolitik zu Ungunsten des großen Ganzen vorzuwerfen. Behrendt, der auch für Antidiskriminierung zuständig ist, setzt lediglich fort, wozu das Abgeordnetenhaus den Senat schon vor einem Jahr einstimmig aufgefordert hat: die Einrichtung von Unisex-Toiletten in öffentlichen Gebäuden zu prüfen. Daraufhin hatte die Senatsverwaltung für Arbeit, Integration und Frauen als erste ihre eigenen Toiletten umgestellt. Kosten pro WC-Anlage: 350 Euro. Berlin wird sich also nicht ruinieren durch weitere All-Gender-Toiletten. Dafür werden sich vor allem Transpersonen, intersexuelle und androgyne Menschen entspannen können, wenn sie in einem Amtsgebäude aufs Klo gehen. Sie müssen keine abschätzigen Blicke und Zurechtweisungen mehr befürchten, außerdem entfällt der Zwang, sich in ein binäres Gender-System einzusortieren, in dem sich viele Queere nicht wiederfinden.

Dass das Abendland durch All-Gender-Toiletten nicht in Gefahr gerät, zeigt sich an einigen Orten Berlins, wo es sie schon gibt. Etwa in den Rathäusern von Mitte und Friedrichshain-Kreuzberg. Mitunter werden – wie an der Alice-Salomon-Hochschule – nur einige WCs umgewidmet. Frauen können so weiter unter sich sein. Vorbildlich der Südblock in Kreuzberg: Vorne befinden sich Kabinen und Waschbecken, hinten die durch eine Sichtblende abgeteilten

Pissoirs. Unaufgeregt laufen hier die Geschäfte. Das Gleiche gilt fürs Gorki-Theater, dessen Studiobühne auch nur noch eine Toilette hat. Es handelt sich also mehr um eine architektonische als um eine ideologische Frage. Nach einer Umbau- und Gewöhnungsphase sind diese WCs nichts Besonderes mehr. Dass ihre Einrichtung so oft als Zeichen einer obsessiven Minderheitenpolitik gegeißelt wird, bläst die Sache unnötig auf. Als queerer Mensch fragt man sich da schon: Wer ist hier eigentlich besessen von der Frage, wer wo pinkelt?

Nadine Lange

Die Gretchenfrage

Für die meisten Glaubensgemeinschaften gilt Homosexualität als Sünde. Wie haltet ihr es also mit der Religion?

Hartmut, Falkensee

Es stimmt, die großen Religionen, jedenfalls das Christentum, das Judentum und der Islam, haben generell ein angespanntes Verhältnis zur Sexualität, wenn sie nicht bloß der Fortpflanzung dient. Entsprechend verurteilen die heiligen Schriften nach konventioneller Auslegung Homosexualität. Darauf berufen sich religiöse Menschen, wenn sie Homosexuelle herabsetzen, ausgrenzen oder – im Fall von Fanatiker*innen – sogar physisch attackieren. Weltweit gibt es Prediger*innen aller Richtungen, die regelmäßig dazu beitragen, die gesellschaftliche Atmosphäre zu vergiften.

Leider hat auch Papst Franziskus, für liberale Christ*innen ein Hoffnungsträger, gerade erst den katholischen Katechismus bestätigt. Demnach verstoßen homosexuelle Handlungen „gegen das natürliche Gesetz". Allerdings solle Homos „mit Achtung, Mitleid und Takt" begegnet werden.

Natürlich ist Mitleid für Lesben und Schwule besser als Prügel. Aber eben doch eine Anmaßung. Und nicht immer belässt man es bei Mitleid. Wer zum Beispiel bei der Caritas arbeitet, muss mit Kündigung rechnen, wenn er*sie sich mit seinem*ihrer Freund*in verpartnern will.

Die evangelische Kirche in Deutschland ist sicher aufgeschlossener. Hier gibt es lesbische Pfarrer*innen und Gemeinden, die queere Gottesdienste feiern. Aber noch immer verweigern die meisten der 20 evangelischen Landeskirchen homosexuellen Paaren die Trauungszeremonie, wie sie für heterosexuelle Paare üblich ist.

Auch duldet die evangelische Kirche in ihren Reihen Christ*innen in exponierter Position, die für die „Heilung" von Homosexuellen durch Ärzt*innen werben. Diese Repräsentant*innen dürfen im Kirchenparlament Platz nehmen, ohne dass sich der EKD-Ratsvorsitzende Heinrich Bedford-Strohm davon auch nur distanziert, wie die ARD-Dokumentation *Die Schwulenheiler* eindrucksvoll zeigte.

Können Homosexuelle also in einer Religion Orientierung und Zuspruch finden? Viele religiös sozialisierte Homos wenden sich früher oder später ab. Andere glauben weiter und plagen sich wegen ihrer vermeintlichen Sünden mit schweren Schuldgefühlen. Wieder andere ruhen völlig zufrieden in ihrem Glauben. Sie haben stets mit liberalen Pfarrer*innen und Gemeinden zu tun gehabt. Aber ihre Kirche wollen sie reformieren – wie etwa die Mitglieder des ökumenischen Vereins *Homosexuelle und Kirche*. Ihnen müssen Homos viel Erfolg wünschen, damit sich die Religionen weiter und schneller öffnen.

Anja Kühne

Ha, Homo, He! Hertha BSC!

Als Fußball-Begeisterter kenne ich die Hertha-Junxx, einen schwul-lesbischen Fanclub. Braucht ihr wirklich solche eigenen Vereine? Grenzt man sich dadurch nicht eher aus?

Kai-Uwe, Kreuzberg

Einen Homo-Fanclub haben fast alle Bundesligisten: *Andersrum auf Schalke* etwa oder die *Rainbow-Borussen* aus Dortmund. Viele tragen wie bei Hertha das Wort *Junxx* im Namen. Ein Zeichen dafür, dass sie – wie die Fankultur insgesamt – männlich dominiert sind, obwohl auch viele Lesben begeistert Fußball gucken.

Zu sagen, dass solche Clubs sich von anderen Fans abgrenzen, stellt die Verhältnisse auf den Kopf. Ganz im Gegenteil sind sie als Reaktion auf eigene Ausgrenzungserfahrungen gegründet worden. Dass

Sport und besonders Fußball ein Problem mit Homophobie haben, ist bekannt. So fühlen sich Homosexuelle im Stadion mehr als unwohl, wenn etwa der Schiedsrichter als „Schwuchtel" geschmäht wird. In solchen Situationen unter Gleichgesinnten zu sein, gibt ein Gefühl von Sicherheit. Außerdem werben die Regenbogenclubs bei anderen Fans und Vereinen um Akzeptanz. „Hertha-Fan und schwul – dit jeht" steht auf einem Banner der *Hertha-Junxx*. Sie wirken also integrierend – und haben garantiert nichts dagegen, wenn solidarische Heteros mit ihnen gemeinsam ein Spiel verfolgen.

Die *Hertha-Junxx* waren 2001 bundesweit der erste Fanclub seiner Art. Eigene Angebote für Lesben und Schwule gibt es aber auch in vielen anderen Lebensbereichen. Allen gemeinsam ist, dass sich in ihnen neben dem Wunsch nach Selbstvergewisserung auch jener nach Räumen offenbart, in denen man nicht schief angeguckt wird. Im Zuge der Emanzipationsbewegung der siebziger Jahre entstanden die ersten schwul-lesbischen Kulturzentren. 1978 machte in Berlin mit *Prinz Eisenherz* der erste schwule Buchladen auf, zur selben Zeit entstand das Lesbenarchiv *Spinnboden*, bald differenzierte sich das Angebot spezifisch queerer Angebote weiter aus mit Chören wie *Männerminne* und den *Classical Lesbians*, mit Sportvereinen und Reisebüros.

Nicht alle Homos fühlen sich davon angesprochen. „Szenefremd" zu sein gilt bei einigen Schwulen sogar als Gütesiegel. Andere wiederum lehnen die Labels „lesbisch" und „schwul" prinzipiell für sich ab. So handeln auch Homos untereinander immer wieder neu aus, wie und wo sie sich repräsentiert sehen wollen.

Um zum Fußball zurückzukommen: Erst im Herbst hielten Hertha-Ultras im Stadion ein 50 Meter langes homophobes Spruchband hoch. Vom Ligaverband wurde der Vorfall nicht sanktioniert. Für Homo-Fanclubs bleibt also weiter viel zu tun.

Tilmann Warnecke

So geht „Gaydar"

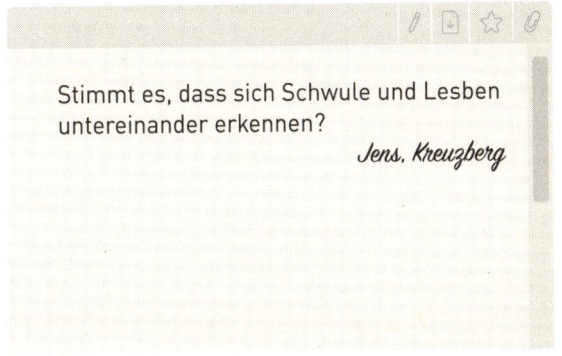

Stimmt es, dass sich Schwule und Lesben untereinander erkennen?

Jens, Kreuzberg

Viele Homosexuelle glauben tatsächlich, dass sie einen sechsten Sinn haben, wenn es um ihresgleichen geht. Ist ja auch eine zu schöne Vorstellung, dass die Natur beim Kennenlernen nachhilft, wenn man schon eine Minderheit ist. Laut einer Studie des Umfrage-Start-ups Dalia von 2016 bezeichnen sich 7,4 Prozent der Deutschen als lesbisch, schwul, bi und trans, andere Schätzungen gehen von drei bis zehn Prozent Bevöl-kerungsanteil aus. Setzt man die Zahlen der Studie voraus, wären wir etwa sechs Millionen (wovon je die Hälfte in Berlin und Köln lebt – kleiner Scherz).

Doch trotz Millionenstärke ist die Chance statistisch geringer, dass Homosexuelle auf Homosexuelle treffen, nimmt man mal Berghain-Partys, Beth-Ditto-Konzerte und die Straßen im Schöneberger Nollendorfkiez aus. In einem Meer der Heterosexualität wäre ein „Gaydar" – das Kunstwort lehnt sich ans englische „Radar" an – zugegeben ganz hilfreich: Einfach mal die Passagiere nachts um halb drei in der U-Bahn scannen, und schon fühlte man sich etwas sicherer, wenn sich die finsteren Gestalten auf der Sitzbank gegenüber als sanftmütige Jünger des Regenbogens entpuppten.

Aber es ist nicht ein einzelner Sinn, sondern ein Zusammenspiel vielfältiger Eindrücke, die Homos zu Homos führen: Häufig ist es der Blick in die Augen, der eine Zehntelsekunde zu lange dauert, das wissende Lachen über einen Insiderwitz, der gleiche Musik- und Literaturgeschmack, gemeinsame Freizeitinteressen oder das Abchecken, weil man sich gegenseitig attraktiv findet. Es ist jede Menge Intuition und nonverbale Kommunikation im Spiel – bei Heteros soll das ja angeblich ähnlich funktionieren. Und wie es den Hetero-Stiesel gibt, der einfach nicht merkt, wie sein Umfeld tickt, stapft auch so mancher Homo ohne die berühmte Gabe durch die Welt, mit dem Herzen sehen zu können.

Noch etwas spricht gegen das eingebaute Gaydar: Es bleiben ja fast nur Menschen im Gedächtnis, mit denen es eben diesen tiefen Zehntelsekunden-Blick gab. Wer zählt im Gegensatz dazu die vielen, die unbemerkt blieben, weil sie im entscheidenden Moment aufs Handy gestarrt haben? Man kann also kaum von einem Radar sprechen, höchstens von Beobachtungsgabe. Und auch die versagt manchmal: Wohl jeder Lesbe oder jedem Schwulen ist es schon passiert, dass sie einen anderen Menschen für queer gehalten haben, der es aber gar nicht ist. Denn obwohl es Homosexuelle besser wissen müssten, ziehen auch sie bisweilen die Schubladen auf, aus denen es modrig nach Vorurteilen müffelt.

Björn Seeling

Nein danke, uns fehlt nichts

Nein. Da ist überhaupt nichts dran. So offensichtlich
absurd ich diese Frage finde, möchte ich doch die
Gelegenheit nutzen, diesem offenbar weitverbreite-
ten Irrglauben entgegenzutreten. Die Vorstellung,
dass Frauen, die miteinander schlafen, geheime Sehnsüchte nach Männern haben, spiegelt ein sexistisches
Frauenbild, das Frauen als defizitäre Wesen sieht:
Ohne Männer werden sie nie als vollwertig aner-
kannt, sie sind nicht ernst zu nehmen.

Dass sich Frauen selbst genügen, rührt offenbar an die männliche Angst vor der eigenen Überflüssigkeit. Manche Herren kränkt das in ihrer Eitelkeit, weshalb sie sich geheime Sehnsüchte lesbischer Frauen herbeifantasieren. Einen großen Anteil an diesem Irrglauben hat die Pornografie, deren Bildsprache teilweise bereits in Mainstream- und Arthouse-Filme eingewandert ist (zum Beispiel in *Blau ist eine warme Farbe* oder *Die Taschendiebin*). Zwei oder mehr Frauen, die miteinander Sex haben – das ist eine klassische Männerfantasie, millionenfach inszeniert, oft von Männern für Männer, mit heterosexuellen Frauen als Darstellerinnen.

Im Taschen Verlag ist kürzlich der von Dian Hanson zusammengestellte Fotoband *Lesbians for Men* erschienen. Auf der Verlagswebsite wird er – etwas ungelenk, aber vielsagend – so beworben: „Wenn ein Mann zwei Frauen beim Sex sieht, dann stört kein anderer Mann das lustvolle Bild – es ist einfach nur alles, was ihm gefällt, in doppelter Ausführung da, und dass zwei so wilde Frauen ihn zum Mitmachen einladen würden, daran kann es ja wohl keinen Zweifel geben." Wer nun glaubt, durch den Konsum solcher auf den Geschmack von Hetero-Männern ausgerichteter Fake-Lesben-Pornografie irgendetwas über das Begehren oder den Sex lesbischer Frauen zu wissen, verfügt über die Medienkompetenz eines Vierjährigen.

Falls Ihre Bekannten nun noch eine Diskussion darüber beginnen wollen, dass Lesben doch beim Sex Dildos benutzen, auch dazu ein paar Hinweise: Wer

solche Sextoys als Beweis für die angebliche Männer-
sehnsucht von Lesben sieht, setzt Männer mit ihren
Geschlechtsteilen gleich. Das ist ebenfalls sexistisch.
Hilfreich ist hier ein Zitat der US-Autorin Susie Bright,
die schon in den achtziger Jahren schrieb: „Penetration
is only as heterosexual as kissing is." Genau wie das
Küssen gehöre die Penetration allen. So oder so: Wir
vermissen keine Typen im Bett – deshalb sind wir ja
Lesben. Glaubt's einfach.

Nadine Lange

Dafür sein, nicht dagegen

Dem Christopher Street Day wurde in den vergangenen Jahren oft vorgeworfen, immer unpolitischer zu werden. Wie ich gehört habe, lautet das Motto für den CSD Berlin in diesem Jahr nun *„Mehr von uns – jede Stimme gegen Rechts!"*. Das geht in die richtige Richtung, oder?

Sabine, Kreuzberg

Gut gaymeint (kleiner Scherz) ist das Motto auf jeden Fall. In der Tat konnte man lange den Eindruck bekommen, beim CSD handele es sich um eine Homo-Love-Parade, bei der die einzigen Botschaften Werbeslogans von Firmen sind, die ihre Produkte unters queere Volk bringen wollen. Schon im vergangenen Jahr versuchten die Veranstalter*innen unter dem Motto *„Danke für nix"* gegenzusteuern. Dass jetzt noch eindeutiger politisch Position bezogen werden soll, ist angesichts der Weltlage und der Wahlen in diesem Jahr richtig. Mit dem Erstarken des Rechtspopulismus geraten Minderheiten unter Druck, Homos müssen um Errungenschaften kämpfen, von denen sie dachten, sie seien gesichert.

Trotzdem ist das Motto nicht unbedingt gut gemacht. Auf den ersten Teil *„Mehr von uns"* (also mehr von uns queeren Menschen) können sich sicher alle in der Community noch einigen. Der CSD kann da bei sich selber anfangen: Lesben, Bisexuelle und Transmenschen sind auf dem Berliner Marsch unterrepräsentiert.

Beim zweiten Teil wird es indes problematisch. „Jede Stimme gegen Rechts" – das wendet sich nicht nur gegen Rechtspopulisten und Rechtsextreme, die Stimmung gegen Minderheiten machen. Sondern man schließt mit der pauschalen Kategorie „Rechts" auch gleich alle aus, die sich dort in einem konservativen Sinn verorten; ganz so, als ob alle Homos automatisch links sein müssten. Die AfD in Berlin versucht bereits, das für sich auszunutzen: In einer Erklärung unterstellt sie dem CSD, Lesben und Schwule mit bürgerlichen Werten „diffus zu diffamieren". Der CSD ist da beim Umgang mit Rechtspopulisten in eine Falle getappt. Man bietet ihnen eine große Bühne – obwohl man sich eigentlich von ihnen abgrenzen will.

Nicht zuletzt verschleiert das Motto, dass längst auch Vertreter linker Parteien LGBTI-Positionen unterminieren. Ein prominentes Beispiel ist der Grüne Winfried Kretschmann, der unlängst ein Loblied auf die Hetero-Ehe sang und dabei klassische homophobe Klischees bediente (selbst wenn er später zurückruderte).

Der CSD hätte sich einen größeren Gefallen getan, im Sinne der queeren Emanzipationsbewegung für etwas zu sein anstatt einfach nur dagegen. Inspirierender und erfolgversprechender ist eine positive Botschaft allemal. Eine Demo für gleiche Rechte (in Deutschland gibt es noch viel zu tun!), für Solidarität und Akzeptanz, für queeren Zusammenhalt ist – leider – nötiger denn je. Das wäre in Zeiten einer immer polarisierteren Gesellschaft ein starkes Zeichen.

Tilmann Warnecke

Ich kleb dir'n Regenbogen

Immer wieder fällt mir der Regenbogen-Sticker an Läden und Restaurants auf. Die Botschaft kann ich mir ungefähr denken: Dies hier ist ein homofreundlicher Ort. Ich frage mich aber, was Homos wohl sonst so erdulden müssen, das so eine Kennzeichnung notwendig macht.

Johannes, Britz

Das homosexuelle Leben ist manchmal so hart, dass es nicht einmal für eine Torte reicht. Vor ein paar Jahren gab es Aufregung um zwei Bäckereien in Nordirland und den USA. Sie hatten sich – unabhängig voneinander – geweigert, Schwule und Lesben zu beliefern. Es gab Proteste, Prozesse und am Ende Urteile gegen die Tortenverweigerer. Krasse Beispiele, die hierzulande schwer vorstellbar sind. Allerdings haben auch in Schöneberg schon zwei knutschende Lesben mächtigen Ärger mit dem Besitzer einer Eisdiele bekommen.

Es ist dann auch vielmehr der ganz normale Alltag, der Homosexuellen das Leben schwer macht: blöde Bemerkungen im Büro, pikierte Fragen im Lokal oder respektloses Duzen im Laden. Selbst auf Ämtern ist es nicht selbstverständlich, dass sich Schwule und Lesben selbstverständlich fühlen dürfen. Bis vor gar nicht allzu langer Zeit war es sogar üblich, dass sich Lebenspartner beim Ausfüllen der Steuererklärung entscheiden mussten, wer Mann und wer Frau ist.

Das mag auf den ersten Blick verwundern, weil gerade eine Umfrage im Auftrag des Bundes ergeben hat, dass es um die Akzeptanz von Homosexuellen gar nicht so schlecht bestellt ist: Nur eine Minderheit vertritt homofeindliche Auffassungen, gar 83 Prozent sind für die gleichgeschlechtliche Ehe. Aber sobald es ums persönliche Erleben geht, sieht das Bild schon anders aus: 40 Prozent der Befragten ist es unangenehm, wenn zwei Männer in der Öffentlichkeit Händchen halten oder sich küssen, 27,5 Prozent geht es bei zwei Frauen ebenso.

Wer selbst auf der Kreuzberger Oranienstraße aus Parallelgesellschaften heraus angemacht wird, der freut sich nicht nur in solchen Situationen über kleine Willkommenszeichen wie den Regenbogensticker an der Ladentür. Am ehesten dürften das Familien nachempfinden können, die sich in einem demonstrativ kinderfreundlichen Umfeld ja auch wohler fühlen, weil sie mit ihren lieben Kleinen einfach akzeptiert werden.

Sicherlich ist mit dem Regenbogen an der Tür auch ein kommerzielles Interesse verbunden – aber mal ehrlich: Wer will es Geschäftsleuten verdenken, dass sie Geschäfte machen wollen? Zumal der Sticker in jedem Fall zeigt, dass sich hinter dem Ladentresen jemand Gedanken über das Thema Homosexualität gemacht hat. Und das ist auch heute noch bemerkenswert.

Björn Seeling

Was Hänschen nicht lernt ...

Immer wieder ist zu hören, Homosexu-
elle wollten kleine Kinder mit staatlicher
Unterstützung „frühsexualisieren". Die
AfD hat sogar eigens eine Erklärung
gegen „Frühsexualisierung" beschlossen.
Was hat es damit auf sich?

Andrea, Steglitz

Hier geht es um einen besonders üblen Fall von Pro-
paganda. Sie richtet sich gegen Lesben und Schwule,
zielt aber auch generell auf die staatliche Sexualpä-
dagogik mit ihrem aufklärerischen Impetus. Der
Begriff „Frühsexualisierung" wurde besonders durch
die „Demos für alle" in Umlauf gebracht. Seit ein paar
Jahren kämpft dieses Bündnis von christlichen Fun-
damentalist*innen und Rechtspopulist*innen gegen
eine angeblich immer mehr um sich greifende „Gen-
der-Ideologie" und gegen neue Bildungspläne.

In der sogenannten „Magdeburger Erklärung" der AfD-Fraktionen heißt es dazu (stilecht in alter Rechtschreibung): „Wir wenden uns dagegen, daß unsere Kinder in Schule und Kita mit scham- und persönlichkeitsverletzenden Inhalten in Wort, Bild und Ton konfrontiert werden."

Plant der Staat tatsächlich, wehrlose Kinder zu „sexualisieren"? Und was soll das überhaupt bedeuten? Dass Lehrkräfte in der Grundschule sexuelle Praktiken erörtern oder Sexspielzeug herumreichen? Das wäre tatsächlich ein Skandal. Indes: Belege dafür blieben die „Demo für alle" und die AfD bislang schuldig. Kein Bundesland hält seine Lehrkräfte dazu an, Kinder zu „sexualisieren".

Den Organisator*innen des Protests geht es vielmehr darum, ein wichtiges Ziel der neuen Bildungspläne in die Schmuddelecke zu rücken: die Förderung von Akzeptanz für die „Vielfalt der partnerschaftlichen Beziehungen, sexuellen Orientierungen und geschlechtlichen Identitäten", wie es etwa im Hessischen Bildungsplan heißt. So sollen Sechs- bis Zehnjährige nicht nur etwas über Schwangerschaft und Geburt lernen, sondern auch über unterschiedliche Familienkonstellationen, darunter auch gleichgeschlechtliche Partnerschaften. Und Zehn- bis Zwölfjährige sollen über Pubertät, Zeugung und eben auch über sexuelle Orientierungen informiert werden.

Dass in der Schule das Recht auf sexuelle Selbstbestimmung gelehrt werden soll, dass lesbische und schwule Liebe als gleichwertig dargestellt werden soll, provoziert die Erzkonservativen. Sie befürchten offenbar, dass Schüler*innen sich verwirrt vom Heteroleben abwenden, sobald man ihnen die Wahl lässt – und das ist für solche Kräfte ein schrecklicher Gedanke. Geht es nach ihrem Willen, soll Schüler*innen wohl beigebracht werden, dass Homo-Liebe defizitär und wahre Liebe Heteros vorbehalten ist. Wie jämmerlich!

Anja Kühne

Jetzt drehen wir den Spieß um

49 Fragen über unser queeres Leben haben wir in dieser Kolumne beantwortet. Die letzte geht an euch: Was habt ihr gelernt?

Anja, Björn, Nadine & Tilmann, Berlin

Eine Menge! Und zwar, der Reihe nach: 1. dass sich Homos nicht wünschen, sie wären Heteros; 2. dass Regenbogenkinder Wunschkinder sind; 3. dass Homo-Paare keine Hetero-Rollen imitieren; 4. dass schwule Flirts kein Grund zur Angst sind; 5. dass tolerante Heteros auf Homo-Partys willkommen sind; 6. dass Schwule keine Frauen verachten; 7. dass kinderlose Homos nicht mehr Angst vorm Altern haben; 8. dass der angebliche Ästhetiksinn von Schwulen ein Klischee ist; 9. dass das Werben der AfD um

Homo-Wähler zynisch ist; 10. dass nicht alle Homos heiraten wollen, aber es können wollen; 11. dass das Coming-out eines aktiven Spitzenfußballers überfällig ist; 12. dass das Blutspendeverbot für Schwule abgeschafft gehört; 13. dass Homophobie auf Komplexen, religiösem Wahn oder Furcht vor eigenen Neigungen beruht; 14. dass die Solidarität zwischen Schwulen und Lesben stärker sein könnte; 15. dass Begriffe wie LGBTI ungelenk, aber nötig sind; 16. dass „Pinkwashing" Homophilie zum eigenen Vorteil ist; 17. dass Gastautorin Maren Kroymann den CSD unterstützt; 18. dass die angebliche Tuckigkeit schwuler Männer ein Vorurteil ist; 19. dass „schwul", „gay" und „homo" nicht das Gleiche bedeuten; 20. dass Homosexualität vermutlich angeboren, aber kein Geburtsfehler ist; 21. dass Coming-outs nicht aufdringlich, sondern nötig sind; 22. dass Homos bei der Partnerwahl so oberflächlich sein können wie Heteros; 23. dass manche Lesben ein Problem mit Transmännern haben; 24. dass Homos Humor haben; 25. dass nicht alle Homos auf Fetische stehen; 26. dass „die Homo-Lobby" ein homophober Kampfbegriff ist; 27. dass Homos nicht weniger treu sind; 28. dass die LGBTI-Community innere Konflikte hat; 29. dass Spätgeoutete ihr Vorleben nicht unbedingt bereuen; 30. dass es schwule Flüchtlinge in Berlin leicht und schwer zugleich haben; 31. dass es in Berlin derzeit keine Lesbenbar gibt; 32. dass Homos ihr Homosein unterschiedlich früh entdecken; 33. dass

LGBTI-Kreisen mitunter die Solidarität für Bisexuelle fehlt; 34. dass sich US-Gastautor Isaiah Lopaz wegen Trump sorgt; 35. dass Homos nicht mehr Drogen nehmen als Heteros; 36. dass sich Homos manchmal in Heteros verknallen; 37. dass nicht alle Homo-Promis für Homos eintreten; 38. dass nicht alle Schwulen Marianne Rosenberg lieben; 39. dass es okay ist, Menschen nach ihrer Orientierung zu fragen; 40. dass Gastautor Rosa von Praunheim Weihnachten mag; 41. dass sich Gastautorin Monika Herrmann für 2017 weniger Homofeindlichkeit wünscht; 42. dass Unisex-WCs wichtig sind; 43. dass manche Homos trotz kirchlicher Anfeindung gläubig sind; 44. dass Homo-Fußballfanclubs nicht gegen Heteros gerichtet sind; 45. dass der „Gaydar" ein Mythos ist; 46. dass Lesben im Bett keine Männer vermissen; 47. dass nicht alle Homos links sind; 48. dass Regenbogensticker ein gutes Signal sind; 49. dass die „Frühsexualisierung von Kindern" eine homophobe Legende ist.

Zu lernen gab es also viel. Jetzt müssen wir nur noch danach handeln.

Jens Mühling
Der Tagesspiegel, Redaktion „Mehr Berlin"

Nachwort

„Heteros fragen – Homos antworten" – können zwei Lesben und zwei Schwule – alle weiß, über 40, zwei West-Berliner*innen, ein Ost-Berliner* und eine zugezogene Rheinländer*in – überhaupt für „die Homos" sprechen oder gar für „die Queers"? Bestimmt nicht. Trotzdem haben wir sofort zugesagt, als uns die Kollegen von „Mehr Berlin" im Tagesspiegel Anfang 2016 anboten, jeden Sonnabend eine Kolumne zu übernehmen. Denn letztlich überwog trotz mancher Bedenken die Lust, es einfach mal zu probieren. Wir haben schließlich alle schon einiges erlebt und durchdiskutiert, sowohl innerhalb als auch außerhalb der Szene. Und letztlich ging es ja nur um eine Kolumne und nicht um die Verkündung letztgültiger Queer-Weisheiten.

Wir haben die Texte im Wechsel geschrieben und versucht, die Fragen für alle Lesenden verständlich zu beantworten. Dabei haben wir auf eigene Erfahrungen zurückgegriffen, haben aber auch nachgefragt und nachgelesen. Eine gewisse Pauschalisierung blieb nicht aus. Doch vor allem, wenn nach klischeehaften Zuschreibungen gefragt wurde, haben wir immer wieder betont, dass die Diversität innerhalb der queeren Community groß ist.

Das hat sich auch in den Reaktionen der queeren Leser*innenschaft gezeigt. Einige schrieben uns, dass wir uns und andere Homosexuelle zu sehr exotisieren würden, dabei seien wir doch zum allergrößten Teil gar nicht so anders als die Heteros. Da ist sicher etwas dran, allerdings unterscheiden sich das gesellschaftliche Ansehen, die Rechte und auch die Kultur der Queers* noch immer erheblich von der Restbevölkerung. Dafür ein Bewusstsein zu schaffen und vielleicht sogar einen anderen Blick auf diese Unterschiede zu ermöglichen, war ein Ziel unserer Kolumne.

Es gab auch queere Leser*innen, die erfreut reagierten und sich bedankten, dass es „endlich mal jemand ganz klar sagt". Manche verstanden unsere Texte als Argumentationshilfe in Debatten mit Heteros und als Anregung zur Selbstreflexion.

Wir selber haben auch einiges gelernt in dem Jahr als Heterofragen-Beantworter*innen. Zum einen über die große weite Queer-Welt, etwa wie es in Sachen Homo-Altersheime aussieht (schlecht!) oder was es mit „Pinkwashing" auf sich hat (kompliziert!).

Zum anderen waren auch viele Reaktionen aus der Hetero-Welt überraschend und aufschlussreich.

Wie hartnäckig sich manche Vorstellungen etwa zu angeblichen Rollenverteilungen oder Vorlieben halten! Und wie uns plötzlich Aggressivität unterstellt wird, wenn wir Vorurteile mit Bestimmtheit zurückweisen. Das Feedback hat letztlich die Relevanz der Kolumne bestätigt. Es ist eben nicht alles gesagt und geklärt zwischen Heteros und Homos. „Queer weiß das" war ein Dialog-Angebot, vier Stimmen in einem andauernden gesellschaftlichen Gespräch. Es freut uns, dass die Texte nun in Buchform vorliegen und so weiter nachhallen in diesem Diskurs.

Wer jetzt Lust auf mehr hat, kann auf dem queeren Blog des Tagesspiegels weiterlesen, dem Queerspiegel – übrigens der erste queere Blog einer Tageszeitung. Unter www.tagesspiegel.de/queerspiegel werden neben exklusiven Texten über queere Themen alle Berichte, Porträts und Interviews gesammelt, die dazu im Blatt erscheinen. Verantwortlich für den Queerspiegel ist eine kleine Gruppe homosexueller Redakeur*innen und Mitarbeiter*innen, die ihn neben ihrer Arbeit betreuen.

Das Autor*innen-Quartett bedankt sich bei allen, die uns Fragen gestellt haben und die Antworten ausgehalten haben. Herzlichen Dank schulden wir auch unseren Gastautor*innen Monika Herrmann, Maren Kroymann, Isaiah Lopaz und Rosa von Praunheim. Ein ganz großes Dankeschön geht nicht zuletzt an die Mehr-Berlin-Redakteure Jens Mühling, Jan Oberländer und Johannes Schneider, die unsere Texte mit liebevoll-kritischem Blick betreut haben. Außerdem möchten wir uns bei Jim Baker und Ilona Bubeck vom Querverlag für die gute, unkomplizierte und anregende Zusammenarbeit bedanken.

Anja Kühne, Nadine Lange,
Björn Seeling und Tilmann Warnecke

Glossar

Bi Bisexuelle sind Männer oder Frauen, die sich sexuell sowohl zu Männern als auch zu Frauen hingezogen fühlen und dies auch leben. Damit verstoßen sie gegen die herrschende Norm der Heterosexualität. Allerdings nicht so stark wie Homosexuelle, die sich vollständig davon abwenden.

Butch ist das englische Wort für „Kerl" (ausgesprochen wird es „Buttsch"). Es handelt sich um eine (Selbst-)bezeichnung für Lesben, die – gemäß heterosexuellen Stereotypen – „maskulin" auftreten. Manche Butches bezeichnen sich als *„eine* Butch", andere sprechen von sich als *„ein* Butch".

Cisgender Als Cisgender werden Menschen bezeichnet, deren Geschlechtsidentität demjenigen Geschlecht entspricht, das ihnen bei der Geburt zugewiesen wurde. Dies trifft auf die große Mehrheit zu. Der Begriff „zissexuell" wurde 1991 von dem Sexualwissenschaftler Volkmar Sigusch als Analogie zu „trans" (lateinisch „jenseits") geprägt. „Cis" bedeutet lateinisch „diesseits".

CSD CSD steht für „Christopher Street Day". An diesem Tag wird in vielen Ländern weltweit mit Demonstrationen und Feiern an den Aufstand von Homo- und Transsexuellen in New York erinnert. Er gilt als Beginn der großen Emanzipationsbewegung. Am 28. Juni 1969 wehrten sich die homo- und transsexuellen Besucher*innen der Bar Stonewall Inn in der New Yorker Christopher Street gegen die gewaltsamen Razzien der Polizei. Es kam zu tagelangen Straßenschlachten. In Deutschland fanden die ersten Homodemos unter dem Namen CSD in Berlin und Bremen im Jahr 1979 statt.

Dragqueen Als Dragqueens bezeichnen sich üblicherweise Personen mit männlicher* Identität, wenn sie in einem bestimmten Kontext Kleidung anlegen, die nach der heterosexuellen Norm für das andere Geschlecht vorgesehen ist und dabei deutlich übertreiben, etwa, indem sie große Perücken und Glitzerkleider zum CSD anziehen. Entsprechend gibt es Performances von Dragkings, in denen gerade Lesben überspitzte Formen der Männlichkeit persiflieren und damit spielerisch die stereotypen Geschlechternormen infrage stellen. Der Begriff „drag" kommt aus der anglo-amerikanischen Schwulen-Szene und bedeutet „Fummel". Früher hießen Dragqueens „Transvestiten". Dragqueens haben sich oft als Vorkämpfer*innen der Schwulenemanzipation hervorgetan.

Femme Femme ist das französische Wort für „Frau" (Aussprache: „Famm"). Im lesbischen Alltag wird es als (Selbst-)Bezeichnung für eine Lesbe verwendet, die – gemäß den heterosexuellen Stereotypen – „feminin" auftritt.

Gendersternchen und Gendergap Das Gendersternchen (wie in „Autor*innen") und das Gendergap (deutsch: Geschlechterlücke, wie in „Autor_innen"), sind zwei noch recht neue Schreibkonventionen. Sie sollen in heteronormativ und patriarchal geprägten Grammatiken einen Weg schaffen, geschlechtliche Identitäten auch jenseits der binären Kategorien „er" und „sie" sichtbar zu machen. Im Deutschen, das ein generisches Maskulinum hat (das heißt, mit „Autor" sollen auch „Autorinnen" mitgemeint sein), können Gendersternchen oder -gap auch zur Sichtbarmachung von Frauen führen: nämlich, wenn die feminine Form „innen" dem Wort nach dem Sternchen oder Unterstrich angehängt wird. Gesprochen wird das Gendersternchen/-gap durch eine ganz kurze Unterbrechung: „Autor-innen".

Intersexualität Intersexuelle Menschen haben angeborene Geschlechtsmerkmale, die von der herrschenden gesellschaftlichen und medizinischen Norm nicht als eindeutig akzeptiert werden, die also nach diesen Maßstäben nicht in die Kategorien männlich oder weiblich passen, sei es genetisch, hormonell und/oder anatomisch. Manche Intersexuelle bezeichnen sich auch als Hermaphroditen oder Zwitter.

LGBTI LGBTI ist die Abkürzung für die englischen Wörter Lesbian, Gay, Bisexual, Transsexual/Transgender und Intersexual. Sie kam in den USA in den neunziger Jahren auf. Inzwischen wird sie auch in Deutschland verwendet, alternativ auch mit den Buchstaben LSBTI. Sie soll kurz und knapp Menschen bezeichnen, die wegen ihrer sexuellen Orientierung, ihrer Geschlechtsidentität oder ihres Körpers von der heterosexuellen Norm abweichen.

Queer Queer (sprich: kwier) bedeutet im Englischen „seltsam, komisch" und gehört zu den vielen Schimpfwörtern, die in allen Sprachen zur Bezeichnung von Homosexuellen im Umlauf sind. Doch seit den neunziger Jahren verwenden Homosexuelle ihn zur Selbstbezeichnung und besetzen ihn damit positiv. Gerade die poststrukturalistisch Gebildeten unter den politischen Aktivist*innen betonen, dass queer keineswegs ein bloßer Oberbegriff für schwul, lesbisch und bi ist. Das Wort queer soll solche Kategorien gerade machtkritisch infrage stellen und auflösen.

Transgender Trans ist das lateinische Wort für „jenseits", „darüber hinaus"; „gender" ist das englische Wort für Geschlecht. Trans wird als Oberbegriff für alle Menschen verwendet, die die ihnen von der heterosexuellen Norm zugewiesene Geschlechterrolle ablehnen und darum regelmäßig im Alltag davon abweichen. Dafür müssen Trans-Leute mit gesellschaftlichen Strafen rechnen – von der sozialen Isolation bis zu körperlichen Attacken. Manche Transsexuelle grenzen sich explizit von Transgender ab. Sie wollen nicht mit Leuten in einen Topf geworfen werden, die zwar aus der Geschlechterrolle fallen, aber keine Angleichung an das empfundene Geschlecht wünschen.

Transsexualität/Transidentität   Transsexuelle identifizieren sich nicht mit dem Geschlecht, in dem sie bislang gelebt haben, und möchten körperlich und sozial im anderen von zwei Geschlechtern leben. Oft besteht der starke Wunsch, den Körper zumindest teilweise durch hormonelle und/oder operative Maßnahmen in Übereinstimmung zur Identität zu bringen.

Foto: Mike Wolff /Tagesspiegel

Das Queerspiegel-Team

Anja Kühne, Björn Seeling, Nadine Lange und Tilmann Warnecke (von links) sind die Autor*innen der Kolumne „Heteros fragen, Homos antworten". Sie arbeiten als Redakteur*innen beim Berliner Tagesspiegel in den Ressorts Berlin, Kultur und Wissen. Gemeinsam betreuen sie auch den Queerspiegel, den Blog des Tagesspiegels über Lesben, Schwule, Bisexuelle und trans- und intergeschlechtliche Menschen.